基金项目：

国家社会科学基金青年项目

"中国社会组织参与官方发展援助体系建构研究"（20CGL049 ）

七悦学术文库

社会组织
走出去
优势与挑战

SHARED VALUE,
EXPERTISE
AND THE WAY

ADVANTAGES AND CHANLLENGES OF
CHINESE NGOS GOING OUT

范娟娟　陶传进　卢玮静　著

社会科学文献出版社
SOCIAL SCIENCES ACADEMIC PRESS (CHINA)

目录

第一章
社会组织走出去的概况与趋势

一　社会组织走出去的政策背景

随着中国经济的快速发展，以及"一带一路"和"构建人类命运共同体"倡议的提出，国际社会对中国社会参与发展中国家援助的期望越来越高，而在中国企业"走出去"之后，中国的社会组织也开始行动起来。近年来，越来越多的中国社会组织开始走出国门，积极探索并参与国际发展合作。

我们常说的"走出去"又被称为国际化，在企业领域指中国企业利用国内和国外"两个市场、两种资源"通过对外直接投资、对外工程承包、对外劳务合作等形式开展的国际竞争与合作。而社会组织"走出去"常指国内的社会组织通过对外捐赠、资助或开展公益项目、参与国际治理等方式开展的国际合作。

事实上，伴随全球化在世界范围的扩展，人类社会早已进入了全球治理的时代。作为独立于市场、政府的第三部门代表，社会组织是参与全球治理不可或缺的主体之一。随着我国综合国力的增强和国际地位的提升，国际社会对我国承担国际责任的期待值越来越高。在这样的背景下，中国社会组织开展国际合作、积极承担国际责任、主动参与国际公共产品的供给、尝试推动全球治理体系的变革，是我国第三部门整体发展到一定阶段的具体体现，也符合全球治理对多元主体参与的期待，符合我国现阶段的国家利益。

在国家发展战略和相关政策层面，可以看出中国社会组织"走出去"已经成为一种势不可当的未来趋势。

1. 战略层面

1979 年 8 月，国务院首次提出"出国办企业"，把发展对外投资作为国家政策，开始尝试性地对外直接投资。1997年，国家提出了支持我国企业以境外加工贸易方式"走出去"的具体政策措施。2000 年 3 月第九届全国人民代表大会第三次会议期间，"走出去"战略正式提出并上升到国家战略层面。2000 年 10 月召开的党的十五届五中全会上，"走出去"战略最终明确。党的十七大报告明确指出："坚持对外开放的基本国策，把'引进来'和'走出去'更好结合起来，扩大开放领域，优化开放结构，提高开放质量，完善内外联动、互利共赢、安全高效的开放型经济体系，形成经济全球化条件下参与国际经济合作和竞争新优势。"[1]

2013 年，习近平总书记指出共同建设造福共建"一带一路"国家人民的大事业，需要做到"五通"，而民心相通是基础。10 月，习近平同志在印度尼西亚国会的演讲《携手建设中国-东盟命运共同体》中提出要促进青年、智库、议会、非政

---

[1] 《中国共产党第十七次全国代表大会文件汇编》，人民出版社，2007，第 26 页。

府组织、社会团体等的友好交流。中国愿向东盟派出更多的志愿者，支持东盟国家文化、教育、卫生、医疗等领域的事业发展。2015 年，习近平总书记在中非合作论坛约翰内斯堡峰会上表示中方将秉持正确的义利观，中国人讲究"义利相兼，以义为先"[①]。

党的十八届五中全会公报提出，坚持开放发展，必须顺应我国经济深度融入世界经济的趋势，奉行互利共赢的开放战略，发展更高层次的开放型经济，积极参与全球经济治理和公共产品供给。这是国家首次将参与全球公共产品供给和全球经济治理放到同等的国家战略高度。党的十九大报告中提出"中国共产党始终把为人类作出新的更大的贡献作为自己的使命"，明确指出要"推动构建人类命运共同体"[②]。

2. 政策层面

2011 年中国政府参与了在韩国釜山举办的第四届国际援助有效性高层论坛，并签署了《为促进有效发展合作的釜山宣言》[③]（简称"釜山合作宣言"），宣言的第 22 条专门就社会组织参与国际发展合作的重要性进行了阐述，倡导国际社会在认知社会组织重要性的基础上鼓励和发展社会组织的作用以使社会组织的贡献最大化，同时支持社会组织根据伊斯坦布尔规则和社会组织发展有效性国际框架增强公信力和对发展有效性的贡献。这是中国政府部门首次在国际上承诺支

---

① 习近平：《习近平谈"一带一路"》，中央文献出版社，2018，第 1 版。

② 《决胜全面建成小康社会 夺取新时代中国特色社会主义伟大胜利——在中国共产党第十九次全国代表大会上的报告》，人民出版社，2017，第 57 页。

③ 第四届国际援助有效性高层论坛：《Busan Partnership for Effective Development Co-Operation》，2011。

持社会组织参与国际发展合作。

2014 年，商务部发布的《对外援助管理办法（试行）》中将志愿服务项目，即中方在援外资金项目下选派志愿人员到受援方从事公益性服务的项目，列为五类援外项目之一。2014 年，云南省商务厅开始尝试通过政府购买服务的方式支持社会组织开展云南省地方援外项目，目前已开展了 7 年。

2016 年 8 月，由中共中央办公厅、国务院办公厅发布了《关于改革社会组织管理制度促进社会组织健康有序发展的意见》，第一次正式地在政府政策体系中提出：引导社会组织有序开展对外交流，参加非政府间国际组织，参与国际标准和规则制定，发挥社会组织在对外经济、文化、科技、体育、环保等交流中的辅助配合作用，在民间对外交往中的重要平台作用。[①]

2016 年 9 月，商务部就《南南合作援助基金项目申报与实施管理办法（试行）》征求意见，在这一管理办法中，已经明确地将社会组织纳入了申请项目的主体。[②] 这是目前中国援外机制中的一次破冰尝试，社会组织第一次拥有了获得国家资源开展海外项目的身份和机会。虽然《南南合作援助基金项目申报与实施管理办法（试行）》提供了相关的机会，但迄今为止，社会组织还没有大范围获得该基金的支持。

2016 年 10 月，国务院新闻办发布的《中国的减贫行动与

[①] 《中共中央办公厅　国务院办公厅印发〈关于改革社会组织管理制度促进社会组织健康有序发展的意见〉》，2016，http://www.gov.cn/xinwen/2016－08/21/content_5101125.htm。

[②] 《商务部关于〈南南合作援助基金项目申报与实施管理办法（试行）〉（征求意见稿）公开征求意见》，2016，http://tfs.mofcom.gov.cn/article/as/201609/20160901387579.shtml。

人权进步》白皮书显示，新中国成立以来共向 166 个国家和国际组织提供了近 4000 亿元人民币的援助。① 尤其近年来，中国在对外资金援助力度上再度大幅加大。习近平主席在2017 年"一带一路"国际合作高峰论坛上提出，中国将在未来三年向参与"一带一路"建设的发展中国家和国际组织提供 600 亿元人民币援助，建设更多民生项目。在 2019 年第二届"一带一路"国际合作高峰论坛上，习近平主席宣布实施"一带一路"应对气候变化南南合作计划，深化农业、卫生、减灾、水资源等领域的合作，鼓励和支持"一带一路"共建国家社会组织广泛开展民生合作。

2018 年 3 月，十三届全国人大一次会议表决通过了关于国务院机构改革方案的决定，组建中华人民共和国国家国际发展合作署。国家国际发展合作署作为国务院直属机构，将商务部对外援助工作有关职责、外交部对外援助协调等职责整合，统筹协调援外重大问题并提出建议。

2021 年发布的《新时代的中国国际发展合作》白皮书将各部门、地方政府和社会组织力量横向协作和纵向联动纳入了对外援助的协调机制，标志着社会组织进入了对外援助的框架设计。2021 年 8 月，国家国际发展合作署、外交部、和商务部发布了《对外援助管理办法》。将援外项目类型从之前的五类扩大到了八类，单列了 18 年征求意见稿中合并到人力支援项目中的志愿服务项目，新增了援外医疗队项目、紧急人道主义救援项目和使用南南合作援助基金支持国际组织、社会组织和智库

---

① 国务院新闻办：《中国的减贫行动与人权进步》，2016，http://www.gov.cn/zhengce/2016 - 10/17/content_5120140. htm。

等实施的项目，不仅在援助项目上包括了更需要社会组织服务社会民生优势的类型，还通过南南合作援助基金这一创新的资助方式将社会组织纳入了中国官方对外援助体系。①

在官方发展援助资金还没有政策保障之前已有不少的社会组织自发地积极响应构建"人类命运共同体"的理念，秉承我国对外援助工作量力而行、尽力而为的光荣传统，根据不同社会组织的愿景和使命，开展了一些社会公益项目，自下而上地践行着中国的人道主义和慈善精神。对于中国的社会组织自发地开展国际交流与援助，国家的政策体系中并未有限制性的条款，各级民政部门对本层级主管的社会组织实行"重大事项报告管理"制度，社会组织开展对外活动需提前报备，如《民政部直管社会组织重大事项报告管理暂行办法》中规定直管社会组织在境外开展业务活动、执行合作项目或设立分支（代表）机构等要提前 3 个月提交申请。②

二　社会组织走出去的格局

1. 走出去的整体状况

自改革开放以来，中国社会组织获得了长足发展，不仅在数量上快速增长，在内部治理和社会动员等方面的能力也大幅提升，赢得了社会的信任，影响力日益扩大。其中，有

---

① 《国家国际发展合作署 外交部 商务部 令（二〇二一年第 1 号）〈对外援助管理办法〉》，2021，http://www.cidca.gov.cn/2021-08/31/c_1211351312.htm。
② 《民政部关于印发〈民政部直管社会组织重大事项报告管理暂行办法〉的通知》，2018，http://www.mca.gov.cn/article/xw/tzgg/201808/20180800010431.shtml。

一些社会组织有走出去开展国际交流和合作的强烈愿望，但进行长期行动或者大规模投入的事实上却比较少。

相对于中国社会组织的总体数量，走出去开展公益项目的社会组织数量较少，而开展系统性发展项目的就更少。有专家认为，社会组织和事业单位开展的国际交往交流的项目也应该纳入社会组织走出去的范畴，这是一个可以探讨的问题。行业商会、协会，智库、高校等研究机构，医院和职校等事业单位作为我国民间参与国际交往的力量发挥了重要作用。

国内的社会组织已经开始有了初步的国际化征程的尝试。在 2004 年之前，主要是社团和民非组织开展一些国际交流与合作，如社团主要是提供专业技术方面的输出等。其中，中国民间组织国际交流促进会（简称"中促会"）是过去二十多年中走出去的一个中国社会组织联合体，有 265 家团体会员，其中 36 家具有联合国经社理事会咨商地位。

2004 年之后，基金会开始崭露头角，展现出巨大的走出去潜力：2006 年，中国儿童少年基金会首次探索在英国成立其分支机构，主要目的是海外捐赠；2007 年，中国扶贫基金会第一次在机构层面开始思考并且提出国际化战略；2008 年，中国的企业家冯仑等人在新加坡成立世界未来基金会，开始了相关的行动；2010 年，中国青少年发展基金会开始了"希望工程走进非洲"项目，并获得广泛关注；2011 年，华民慈善基金会在美国罗格斯大学设立华民慈善研究中心；2015 年，爱德基金会在埃塞俄比亚成立代表处，这是民间公益组织的第一家海外办公室；同年，尼泊尔发生 8.1 级强震，包括中国扶贫基金会、蓝天救援队在内的多个中国社会组织迅即响应，以各种形式支援尼泊尔灾区，此后中国扶贫基金会在当地设立国家办公室；2018 年 5 月，中促会协调 20 家中国社会组织应邀赴柬埔寨访问，与当地社会组织交流对接并签署一系列合作协议；2018 年 7 月，中促会与尼泊尔社会福利委员会联合举办了中尼民间组织民生项目对接会，25 家中国民间组织与 34 家尼泊尔民间组织就教育、扶贫等领域进行合作对接。

从阶段划分上看，中国社会组织"走出去"大体上可以划分为四个阶段。

①自我封闭阶段（1949～1980 年）：该阶段，本身没有太多的社会组织，或者零星的社会组织也主要是由政府发起并主导，故基本没有走出去的社会组织。

②寻求资源阶段（1980～2004 年）：2004 年《基金会管理条例》颁布，在此之前，虽然社会组织已经零星出现，但是大部分社会组织仍然没有相关的意愿和能力。但已经有部分组织开始将目光投放到海外，但那时候主要集中在海外捐款或资源对接层面，基本没有将国内资源和项目递送到海外的意识和行动。

③探索尝试阶段（2004～2018 年）：这时候的社团等组织开始有了更多的资源，通过输出技术培训等方式开始做更多的探索交流，研究类型的社会组织（包括民非和社团）的国际交往也日益增多。《基金会管理条例》实施后，社会力量开始兴起，包括公募基金会和非公募基金会都开始了它们的艰难探索，如中国青少年发展基金会、中国扶贫基金会、华民慈善基金会等。根据陆波相关研究的不完全统计，截至 2014 年 8 月 31 日，中国以各种形式"走出去"的基金会共有 37 家。①

---

① 陆波：《中国基金会"走出去"的趋势与现状》，2016，http://www.chinadevelopmentbrief.org.cn/news-18448.html。

④快速发展阶段（2018年以后）：该阶段以中华人民共和国国家国际发展合作署设立为分界点。经过了十余年的探索尝试，越来越多的社会组织开始将国际化作为机构的一个核心发展战略，并且取得了显著的成效。例如，中国扶贫基金会已经在尼泊尔、缅甸、埃塞俄比亚等国设立了办公室，其项目覆盖苏丹、乌干达等10余个国家；中国红十字基金会在"一带一路"共建国家开始了大规模的投入；爱德基金会已经在多个发展中国家落地生根；中联部开创性的"社会组织组团"每次"走出去"行动都是20多家组织。据不完全统计，仅2018年，国内关于"走出去"的研讨会议以及培训就达20余次，在亚洲基金会的资助下，中国国际民间组织合作促进会和中国扶贫基金会等联合北京七悦社会公益服务中心及相关专家撰写了《中国社会组织参与国际项目合作自律行为守则》和《中国民间组织走出去——尼泊尔国别操作手册》，开始详细且具体地从实操角度支持社会组织的种种行动。

2. 公益项目走出去包含企业和NGO两大主体

事实上，在公益项目走出去方面，除了社会组织外，还有企业这一主体。公益项目对于企业来说是作为企业经营运作的辅助性措施或它的一个独立面而出现的。而在社会组织这里，公益项目则是其最核心的部分。因此企业和社会组织两者可以互相参照。

企业走出去参与援助或通过公益慈善活动履行社会责任的实践事实上更早于国内的社会组织，这也与我们社会组织起步发展较迟有关。20世纪50年代末以来，我国企业以承接工程的方式走出去参与到发展援助中去，企业的参与主要是被动的，很多企业在海外的工作处于完全独立的状态，几乎不和当地的社区进行沟通，对于项目结束后的使用效果也少有关注。2000年我国提出加快实施"走出去"战略后，中国的企业开始"投资—建设—运营"一体化地走出去，这就对企业融入社区提出了较高的要求，为了履行社会责任，获得更多的社区支持，企业以捐钱、修路、建学校、建医院等方式参与到当地的社区发展中去。企业的做法一般比较务实，在现实中将是否有利于自己的经营运作、是否有利于被市场或项目地的社会公众接纳作为公益项目最明确的判断标准。

而公益组织则将本源的公益理念坚守得更清晰。从长期目标来看，企业走出去履行社会责任和社会组织走出去开展公益项目有一个共同特点，即它们的目标一致，都是当地社区的发展，因此其中体现的方向一致，都属于本书的研究范畴。而企业在其中，属于社会组织的重要资源方和合作方。

3. 走出去的四种形式

目前，国内社会组织走出去的并不多，其规模应该在百余家左右，真正将走出去作为核心方向的更是少之又少，其中有极少数在海外设立办公室或者注册机构。它们大多重点在东南亚、南亚和非洲国家开展公益项目，涉及教育、环保、生计发展、能力建设、紧急救援、妇女儿童发展、残疾人康复、卫生健康、森林、水资源等多个领域，回应了17个联合国可持续发展目标。

与过去开展国际交流活动和一次性的项目合作为主的情形不同，中国的社会组织已经开始真正在海外设立当地的执行办公室、在当地注册等。具体而言，当前社会组织走出去可以分为四种形式（见图1-1）。

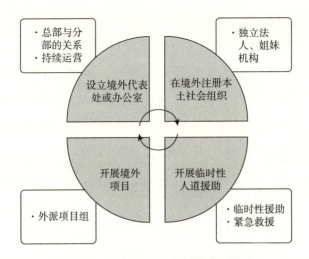

图 1 - 1　社会组织走出去的四种形式

（1）设立境外代表处或办公室

这类社会组织将国际化作为自身的战略目标，在境外设立代表处或办公室，并在所在国持续开展相关行动。如中国扶贫基金会、爱德基金会、昆明云迪行为与健康研究中心、中国和平发展基金会和云南省替代种植发展行业协会等在境外注册了代表处，代表处作为中国社会组织的分支机构，人、财、事均由总部管理，在所在国纳入境外非政府组织管理，并在所在国持续运营。

（2）在境外注册本土社会组织

这类社会组织的发起人在境外注册了所在国本土社会组织，该组织与我国社会组织的关系是对等的法人关系，在治理结构和人力、财力上相对独立，共享公益价值和项目经验。例如，甘肃彩虹公益服务中心的发起人在尼泊尔与当地人一起注册了尼泊尔社会组织，复星公益基金会在美国和中国香港有姐妹基金会。

（3）开展境外项目

这类社会组织虽未在境外注册代表处或成立社会组织，但在境外设有专职人员长期开展项目，如北京平澜公益基金会在黎巴嫩和津巴布韦等国设有办公室，四川海惠助贫服务中心在泰国设立了办公室，这里的办公室指人员和场地相对固定的长期项目组。北京市朝阳区永续全球环境研究所（GEI）虽然未在境外设立代表处，但走出去项目的深度和广度在各组织中较为突出。

（4）开展临时性人道援助

这其中也有些社会组织，主要是在紧急救援时期开展国际援助，如在尼泊尔地震、本次新冠肺炎疫情等中都有援助。这类组织主要基于自身的领域特征（如应急救援）或者基于某些全球性事件（如新冠肺炎疫情），是否能纳入走出去的社会组织存在争议，但由于它们代表了一类组织走出去的动机和路径，体现了朴素的国际人道主义精神，也将它们纳入其中。

以中国社会组织在尼泊尔开展活动的形式为例，其一共有四种典型方式（见表 1-1），并且针对每一种方式，中国社会组织都已经开始了深度的探索行动。

表 1-1　中国社会组织在尼泊尔开展行动的四种典型方式

形式	特征	中国 NGO
注册成立 INGO 办公室	1. 有长期在尼泊尔开展行动的战略 2. 有稳定的行动方向、策略、资金、团队 3. 类似于独立机构，需要配套的财务、行政等体系，需要接受相关部门的管理和财务审计等 4. 注册成立办公室仍然需要有当地合作伙伴才能行动 5. 难度系数较大	中国扶贫基金会

续表

形式	特征	中国 NGO
注册成立当地 NGO	1. 有长期在尼泊尔开展行动的战略 2. 有稳定的行动方向、策略、团队，但机构的法人和理事会全部为尼泊尔当地人 3. 独立机构，需要配套的财务、行政等体系，需要接受相关部门的管理和财务审计等 4. 属于当地的合作伙伴，可以直接和中国 NGO 合作 5. 具有失控的风险	尼泊尔彩虹公益社（甘肃彩虹公益服务中心）
与当地 NGO 开展合作项目	1. 有进入尼泊尔开展行动的计划，但处于探索期或者受限于政策资源等暂时无法成立独立办公室 2. 可以较为灵活地进入尼泊尔开展项目，并且结合实际情况确定未来的行动方向 3. 基于项目合作的实际要求配备相关的人员、资金和行动方式，但不需要独立的财务和办公室 4. 必须与当地 NGO 合作，往往主要由合作伙伴来负责项目的日常实施 5. 难度系数较小	爱德基金会、慈缘基金会、北京慈爱公益基金会
参与紧急救援	1. 仅在紧急时期才开放的特殊方式 2. 基于紧急时期的特征开展行动，不需要合作伙伴 3. 紧急时期结束之后，组织将退出，若要开展常态化项目则需要进入前两种方式（办公室或项目合作）	蓝天救援队

4. GONGO 和民间 NGO

中国社会组织包括政府背景的 NGO（由政府主办的 NGO，英文简称为 GONGO）和民间背景的 NGO，虽然近几年随着机构改革，大量的政府主办 NGO 已经脱钩，但是它们依然呈现项目运作中自上而下的属性，与民间 NGO 自下而上的运作方式体现出不同的潜力。

GONGO 往往有健全的组织架构和稳定的资金来源，随着"一带一路"倡议和"人类命运共同体"的建设，GONGO 也开始积极"走出去"，一些组织借助于自身在海外的"系统"优势，较容易获得所在国的政府或者是我国大使馆、侨办等的支持或认可。它们拥有系统身份所带来的资源，又以社会化的方式运作，在被国际机构接纳和参与国际治理方面展现出较大的潜力，有些开始出现向类似于德国公法基金会①这样的组织转化的趋势。

而草根组织恰好是 GONGO 试图发展的合作对象，且草根组织也有着不同于政府主办背景组织的优势，并且能够在灵活性和专业性上呈现自身的特色。这使得"GONGO + 草根NGO"合作共同走向国际成为一种可能。例如，中国和平发展基金会发挥了枢纽平台的作用，最近几年开始尝试牵头组织一批社会组织"组团"走出去，2018 年曾组织国内的 21家民间社会组织去柬埔寨开展调研和项目合作，在双方政府的推动下，签署了 11 项对柬埔寨的民间合作援助协议，总价值将近 1000 万元人民币。随后，在 2019 年 7 月，中国和平发展基金会在柬埔寨设立了代表处，一方面继续开展自身的援柬项目，另一方面为民间社会组织搭建平台，为它们走进柬埔寨提供帮助。

在新冠肺炎疫情期间，中国和平发展基金会协助民间组织蓝天救援队赴柬埔寨 50 多个社区开展消杀和抗疫培训工

---

① 德国的公法基金会通常指由联邦政府或州政府根据专门的法律，为了具体的社会公共利益出资举办，联邦政府或州政府每年通过财政预算，为基金会提供资金保障，支持基金会为社会提供公共服务，由相关政府部门负责管理的基金会。

作，为其援外行动提供了很多必要的条件，比如推动柬埔寨外交部向蓝天救援队队员发放入境签证，通过柬埔寨民间社会组织联盟论坛帮助蓝天救援队在当地寻找合作伙伴，协调相关部门确保蓝天救援队在柬埔寨的安全以及行动顺利，从而发挥专业服务应有的影响力。

以往在柬埔寨的新闻报道中常有关于中国人的负面报道①，而这个公益项目的效果冲抵了一部分负面新闻的恶劣影响。在柬埔寨，媒体的正面报道一般是需要付费的，一般为50~100美元。但这个项目没有给媒体任何费用，当地媒体都是主动地、积极地、免费地去报道宣传，各类报道累计有100多篇。这种合作给了中国和平发展基金会更大的信心，也让我们看到支持民间组织走出去在促进民心相通方面的效果，正是这样的公益活动建立了人与人之间心灵上的真正的互通，当地的媒体才愿意免费将故事报道给当地民众。

5. 走出去的资深机构与新加入的主体

在走出去的社会组织中，中国扶贫基金会、爱德基金会和北京市朝阳区永续全球环境研究所（GEI）可以说是较为资深的机构，虽然相对大型的国际NGO来说，它们在规模和影响力方面目前可能都比较小，但在中国社会组织中已经较为超前。资深的机构和新的机构相比更成熟，在专业性、路径探索、自身理念的坚守与运用方面都具有十分明显的优势，

---

① 只2019年一年，中国人在柬埔寨的非正常死亡人数就达到了47人，其中很多是在华人之间的绑架和凶杀案中死亡的，而这些刑事案件常占据媒体的主要版面。

甚至还包括资金的筹措方面也有更成熟的经验；而新的机构则可以学习固有的路径形成后发优势。例如，北京平澜公益基金会将国际化作为自己的战略目标，在近几年快速发展并活跃在国际舞台上，而昆明云迪行为与健康研究中心、瑞丽市妇女儿童发展中心和甘肃彩虹公益服务中心等也在各自的领域逐渐有了一定的影响力；还有一些仅开展过一两个国际项目的组织，也在积极参与学习，尝试着走出去。

三　社会组织走出去的典型范例

在这里，我们呈现当前一些国内走出去的典型社会组织，在本书接下来的章节中，也将对这些组织的案例做进一步的梳理与呈现。

1. 中国扶贫基金会

中国扶贫基金会（简称"扶贫基金会"）走出去已经有十多年的历史了，其已经在24个国家开展项目，在缅甸、尼泊尔和埃塞俄比亚注册了代表处。扶贫基金会近两年的国际项目资金在5000万元以上，其中约70%来自我国公众的捐赠，约18%来自其他社会组织的捐赠，7%来自国内企业捐赠，5%来自政府的援外资金。它的经验首先是在机构层面有战略，各个部门配合执行，不能是国际部一个部门的事情；其次是不断地向国际NGO、学者专家、目的国的基层积极学习，提升国际化项目运作的能力；最后是优势项目先行。扶贫基金会目前开展的项目大多听起来不太陌生，比如发奖学金、送餐、赠送国际爱心包裹等项目，但这些都是根据反复

的一线调研而确定的先行项目。这些在国内比较成熟的流程
化项目，推到国际上去不用应对项目模式本身的巨大挑战，
主要需要应对跨文化、跨社区的冲击，进而降低本地落地的
难度。而其国内的一些社区发展项目和公众深度参与项目，
目前大规模走出去落地开展可能还不太成熟，需要等时机成
熟时再进行逐步尝试。

2. 爱德基金会

爱德基金会（简称"爱德"）是国内最早成立的一个民
间社会组织，成立于 1985 年，距今已有 37 年的历史。在成
立的最初 20 多年里，爱德的发展主要靠"引进来"的资金，
依靠上百家国外社会组织的捐助，在国内开展了大量的民生
和救援项目，也培养了大量具有国际视野和能力的专业公益
从业者。随着中国国力的增强和经济的发展，国内的捐赠也
越来越多，爱德已经有能力去帮助其他贫困国家的民众，这
个起因也非常简单，就是自己有能力了也去帮助一些需要帮
助的人。

而在走出去做事的过程中，爱德会参与中外组织的会谈，
从中发现国外的民间社会非常希望中国的社会组织能够成为
跟其他国家民间社会交流的一个渠道，这样爱德就被推动着
开展了更多的民间合作项目。2010 年，爱德基金会作为创始
会员之一参与创建成立了国际救灾与发展联盟（ACT Alli-
ance），2020 年又加入了国际志愿服务机构理事会。这些都是
国际救灾机构的网络组织，爱德加入后又为其他社会组织打
开了一扇门，即可以寻求到在其他国家开展救援工作的合作
伙伴，在这个过程中学习国际规则和原则以及全球决策机制

的运作，再探索怎样找到自己独特的定位和能够为国际治理做出的独特贡献。

爱德不设国际发展部，所有的项目按照领域划分，培养专业型的项目管理人才，同类海外项目和国内项目由同一个项目组开展。在筹款方面，爱德的国际项目资金主要包括三部分。一是国内的互联网平台筹款，爱德国际项目51%的资金来自公众捐赠。这一方面原来被公众所诟病，近年来随着人们生活水平的提高和国民国际责任感的增强，捐款支持的越来越多。二是政府的援外资金，以政府购买服务的方式开展一些国际合作项目，这部分资金占了36%。三是来自企业和其他NGO的捐赠，大约占到9%。此外，爱德在埃塞俄比亚还运作着一个社会企业，企业利润用于支持爱德非洲项目。

3. 北京市朝阳区永续全球环境研究所（GEI）

北京市朝阳区永续全球环境研究所（GEI）成立于2004年，在林业、湿地、草地和海洋保护等方面开展大量的社区公益项目，并通过专业路径导入政策倡导脉络。2005年前后，机构开始关注国际环境议题。主要是由于随着中国企业走出去，当地的NGO越来越关注中国企业在海外带来的环境和社会问题，它们需要寻找中国的NGO来更好地了解中国的投资人是什么样的行为角色，了解怎样更好地与中国的投资人做沟通。到2017年左右，GEI开始真正地走出去，在东南亚和非洲落地一些社区环境保护的项目，在过程中发现其他发展中国家在发展过程当中也面临很多跟中国过去相似的问题，如生态保护和经济发展的平衡、提高国家环境标准等。机构将在国内实践比较好的本土化案例，如低碳规划、新能源发展、社区层面的生态保护这些模式和方法介绍出去，通过能力建设、技术转移和当地的 NGO 以及政府合作，支持它们自己进行本土化复制和实践。由于很多国际发展资金都有环境和气候的项目，GEI 的项目资金主要来源于关注这些议题的 NGO 和国际组织，联合国、世界自然基金会、国际野生生物保护学会、英国国际发展署和瑞士发展合作署等均是该机构的资助方。而在政府购买社会组织服务方面，该机构的国际项目资金来源于国家发改委和农业农村部等。

4. 北京平澜公益基金会

与以上一些组织相比，北京平澜公益基金会（简称"平澜"）则是一家新进入的组织，而且发展比较迅速。该机构成立于 2018 年，将走出去作为机构的一个战略目标，一年收支 1500 万元左右，投入 10% 到国际项目中，大约 150 万元。平澜国际项目的资金主要是来自理事会成员的捐赠和公众捐赠，这些捐赠很难负担国际项目的成本，机构认为国际化是机构的一个使命，哪怕是需要从管理费中出资金，也要去做。作为一家纯民间社会组织，该机构发挥了社会组织敏捷、高效、灵活的优势，平澜认为虽然本机构还不成熟，在团队能力、筹资能力和远程投递等方面还需要加强，但是这些能力需要在实践中不断地提升，向国际 NGO 学习，向扶贫基金会学习，创新性地去满足一些国际需求。目前机构已经做成了很多其他机构认为不可能的项目，如泰国岩洞救援、津巴布韦野生动物保护、黎巴嫩难民营儿童发展、柬埔寨扫雷等国际生态危机和人道危机应对项目。

还有一些社会组织，虽然来自资源相对不富足的地区，但长期在中国贫困社区开展公益项目的实践为它们在所在领域积累了丰富的经验，能做到小而美，体现了后发优势。

5. 昆明云迪行为与健康研究中心

昆明云迪行为与健康研究中心成立于 2003 年，长期在云南省各地州支持当地志愿者小组开展公共卫生类社会服务和救助。近年来，机构将本土探索的实践范围扩大到云南省周边的国家，志愿帮助邻国及边境地区的妇女儿童、流动人口、其他脆弱人群获得公共卫生服务、贫困救助及社会其他帮助。机构走出去项目资金的主要来源为政府购买服务，包括中央财政、云南省商务厅和联合国艾滋病规划署等，项目地点覆盖柬埔寨、缅甸、老挝、孟加拉国、尼泊尔等国家。中心 2018 年在柬埔寨马德望和金边设立机构管理办公室，2019 年在柬埔寨成立首家中国在柬注册的机构。2019 年，云南省商务厅购买云迪"缅甸、柬埔寨贫困先心病儿童术后社工服务"项目，资金将近 40 万元，为两国贫困先心病儿童提供义务社工服务和生计可持续支持服务，不仅在两国产生了良好的社会影响，还吸引了柬埔寨、缅甸、老挝、孟加拉国、尼泊尔 5 国的 7 家社会组织及医疗机构申请和云迪一起在当地开展先心病患儿社工服务，补充医疗援助中的人性化服务部分。

6. 瑞丽市妇女儿童发展中心

瑞丽市妇女儿童发展中心成立于 2000 年，主要在妇女发展和儿童保护、儿童发展等领域开展工作。中心成立之初得到了救助儿童会（英国）在财力和技术上的大力支持，通过在边境贫困地区近 20 年的服务而有了较强的服务专业性。作为位于边境地区的社会组织，边境地区人民的流动和共通的公益需求促使中心从 2013 年开始走出国门迈向缅甸，在缅甸木姐设立办公室。该中心走出去项目的资金来源主要为政府购买服务和一些零星的企业捐赠，在与中国接壤的缅甸地区进入校园和社区开展妇女儿童关怀与保护和生命健康知识等教育服务。

7. 甘肃彩虹公益服务中心

甘肃彩虹公益服务中心最初是一群由热爱儿童公益的青年志愿者创立的组织，2014 年在甘肃省民政厅注册。机构的主要服务为教育、儿童保护、青年发展和社区服务等。始于 2011 年的青少年儿童保护、教育发展及人道主义援救机构。2015 年尼泊尔大地震期间，中心的人员前往尼泊尔开展了救援工作，为避难的儿童提供服务。震后，尼泊尔的当地孤儿院向其求助，通过调研，中心开始长期帮助这所孤儿院的孩子们，为他们提供避难临时居住场所，搭建简易安置房，并帮助这些孩子上学。中心设定了长期在尼泊尔开展行动的战略和行动方向，2017 年支持尼泊尔当地人注册成立了尼泊尔彩虹公益，机构的法人和理事会全部为尼泊尔本土人员，在当地开展儿童青少年服务。

8. 一些其他小而美的社会组织

北京青之桥公益基金会和湖南爱弥儿儿童康复中心等开展青少年志愿服务的机构更是新入者，它们有国际化的意愿，开展了几次海外项目，项目模式还在摸索中。新冠肺炎疫情期间，还呈现出一些新的国际合作的关系。兰溪市心舞工作室是一家位于县级市的草根社会组织，荆门市义工联合会也是一家位于中部地区地级市的草根社会组织，它们都从未开展过国际项目，在疫情初期，它们的负责人积极组织和参与了对接国际物资援助武汉的工作。当国内疫情稳定后，它们的理事会一致同意在国际社会需要它们的时候尽其所能开展国际援助工作，向海外捐赠抗疫物资，展现了中小城市人民的国际人道主义精神。

除上述组织外，我们在本书中还梳理了一批典型的走出去的社会组织（约44家）的基本情况（具体见附录一）。在这些社会组织身上，我们看到了中国社会组织走出去的潜力以及它们当前的积极探索，并看到了未来的一些发展趋势。

四　社会组织走出去的一些趋势

1. 中国社会组织开始进入政府发展援助（ODA）体系中

过去中国社会组织参与国家层面的对外发展援助几乎还是空白，而这与国际上通过社会组织参与对外援助的主流趋势形成了鲜明的对比。在国际上，为了提高对外发展援助的效率并促进公平，在政府发展援助（Official Development Aid，简称ODA）体系中纳入社会组织，从而鼓励以民间方式推动国家间的沟通和交流，已经是许多西方国家对外援助的惯用方式。各国不但建立了制度化的合作、评估体系，而且有相当比例（许多在20%以上）的援外资金是通过社会组织来执行甚至是筹集的。重构政府、国际社会组织和市场三位一体的对外援助模式，形成发展援助的新框架已经成为国际对外援助的新趋势。

2018年，这一格局似乎开始有了一些松动，中促会开始组织一批有国际化前沿探索经验的中国社会组织申报南南合作援助基金，第一批申报南南合作援助基金的社会组织十分积极踊跃，项目达到了100多个。但目前，整体项目还处于申报和初步探索之中。

2. 中国社会组织开始注重自下而上的可持续发展

在多元化的走出去形式下，越来越多的社会组织开始强调在受援国的可持续发展，而不是一次性的援助或者交流活动。这样的行动特征也开始使得中国的社会组织可以和国际其他开展发展类项目有更多的共通点。

例如，中国扶贫基金会和爱德基金会已经在尼泊尔、缅甸、埃塞俄比亚等地开展的参与式的社会发展项目，其一方面支持当地贫困现状的改善，另一方面也十分尊重当地社区的实际情况，关注受助者的参与及意愿表达，在项目设计执行全过程的各环节加强参与，注重参与式发展。

这样的做法使得中国社会组织开始形成对当地社区的持续的影响力，这种影响力是在自下而上行动体系下自发积累的，而不是自上而下的援助方式能够直接获得的。

3. 中国社会组织的合作属性及改变

中国社会组织走出去虽然才刚刚起步，但已经呈现强大的合作属性，能够快速地进入援助国当地找到最为合适的当地合作伙伴开始合作，而不是自己独自行动。合作已经成为大家的共识。

同时，要走出去的中国社会组织之间也开始形成更多的合作对接，相互支持。例如，甘肃省的五家已经或正准备"走出去"的社会组织就在省外办的支持下，互通有无、相互支撑，共同形成对东南亚共建"一带一路"国家的支持。

五　相关研究问题的提出

当我们对中国社会组织走出去进行整体概述后，就需要对这些现象背后的原因以及当前体系中的行动进行进一步的思考，厘清一些根本性的问题，包括社会组织为什么需要走出去，走出去需要的专业能力是什么，如何看待当前走出去的一些"吃力不讨好"的行动以及这些行动为什么会发生等。

1. 我们为什么要走出去

和企业走出去的战略目标不同，社会组织走出去是为了什么？这是我们在思考社会组织走出去时需要回答的第一个根本性问题。

走出去热潮背后的原因或许有很多，其中大体上可以分为泾渭分明的两大对立性目标：一是"共享"价值，二是功利性目标。

（1）"共享"价值

人和人相遇有可能是美好的，也有可能引发战争，其起点可以回到中世纪的欧洲，大家因为种族差异、信仰差异而频繁发生战争，造成了人类历史上的空前灾难，结果引发了关于人权共识话题的讨论，最终也产生了当下在世界绝大多数国家间达成的几个重要的权利公约，如《世界人权宣言》①《消除对妇女一切形式歧视公约》②《儿童权利公约》③《残疾人权利国际公约》④ 等。我国也是这些公约的缔约国。

　　所以，人们之间相遇未必能形成共赢的结构，即便这样一种结果对所有人来说都是有益甚至是诱人的，囚徒困境说的就是这个道理。而在零和博弈中，其真实结果并非真的零和，而是负和，即双方整体利益的结果是负值，就如同囚徒困境中的双输结果。囚徒困境中每一方都更愿意选择背叛，因为这时当对方选择合作时自己就将"大赚"，而其实每一方都不愿自己大亏而对方"大赚"，于是必然走向双输的结果。这就是两个自我中心主义者一起时的困境所在。

　　世界的结构取决于我们的建构，建构中我们需要找到共通的话语。在古代，我们有和亲政策，如汉朝时与匈奴疆域关系的处理。相对来说，这是一种安抚和好的策略，其最优结果是双方相安无事、互不侵犯，每一方都不陷落到负值的渗坑中。

　　在当下企业运作中有一种共享价值的概念，它的含义是：由于市场的出现，作为市场主体的企业追求经济利益，它们

---

① 联合国：《世界人权宣言》，1948，https://www.un.org/zh/universal-declaration-human-rights/。

② 联合国：《消除对妇女一切形式歧视公约》，1979，https://www.un.org/chinese/hr/issue/hrcedaw.htm。

③ 联合国：《儿童权利公约》，1989，https://www.un.org/zh/documents/treaty/files/A-RES-44-25.shtml。

④ 联合国：《残疾人权利国际公约》，2006，https://www.un.org/chinese/disabilities/convention/。

与社会构成了整个社会中两大不同的部门，二者之间的交融就有了充分的共享价值空间，比如一方获得就业、增加 GDP 以及良好的社区发展的机会，而另一方则获得一种和谐的厂区与社区的关系、一个更良好的企业形象以及产品销售环境。

本书中更关注另一意义上的"共享价值"，即多方利益主体走到有利益的共通处或最大公约数，即各种文化在存在价值差异的同时拥有的价值部分。这个共享价值并不是恒久不变的，而是随着历史的发展和全球化进程也在不断变化发展的。共享价值可操作化的要求则是人心相通。如果操作化的定义再上升到理论化，那就是双方能完全接纳的部分。不同的文化就像一座座山峰，山顶各异，而在底部至少有部分是重合的，人性和文化衍生出各种各样的价值差异，但在底下大家都是有共通的价值。共享价值的核心就是人心，高端形式是专业性。

请明确这样一个前提条件，那就是走到一起的多元利益主体首先具有国家、民族、宗教信仰方面的明确差异，甚至还会在公益机构、营利组织、普通居民这些群体方面有不同之处。那么，它们之间会有共享价值吗？会有价值的最大公约数吗？答案是明确的，只要是人，都有一些共同的追求，比如我们都推崇爱，都推崇人性，更传统的说法则是我们推崇真善美，当下的一些更前沿说法则是推崇人们之间的平等、尊严与价值。在我国，社会主义核心价值观的 24 个字也大致代表了我们大家所认同的一种价值公约数。

（2）功利性目的

最常见的功利性目的就是推销自己的价值立场，或者说是用自己的价值思路来影响别人。其实任何一种文化体系下的人都有这样一种倾向，他们或许认为自己的价值观念代表了一种正确思路，代表了一种对美好的向往，或许是一种自我中心主义的倾向。不论如何，似乎没有一种文化能摆脱这样一种干系，因此这样一种说法并不好听，但它所代表的实质含义却是真实存在的。为了避免主观性的渗入，在这里不妨引用一次关于社会组织"走出去"研讨会的专家发言作为一个这样一种思路的代表：他认为只有一个国家的价值观、生活方式、经济、社会和政治制度在外部世界形成强大吸引力的时候，这个国家的 NGO 才能"真正地"产生较大的影响力，NGO 在外部世界的影响力，是靠传播国家的软实力支撑的。

2. 两种不同的目的差异：更仔细的考察

以上两大不同思路，可以分别称为"求同存异"与"求异存同"。其中，"求同存异"的含义是在两个对话的主体之间先找到它们的最大公约数，这是双方都欢迎的成分，因此二者在这里相互融合、共同追求、实现共赢。一旦有了基础性的共融成分，二者之间的距离拉近，那么接下来他们之间的对话与合作将会有一个起点。"求异存同"则是追求根本处的相同，最典型的就是宗教的传教活动，那就是把自己认为是好的东西，同样也要给予别人，哪怕是对方不情愿也要想方设法做到。在其背后的假设是，必须在根本价值点上相一致，然后才可以谈论进一步的合作话题。

这样两种不同的思路在现实中存在着泾渭分明的界限，即便是政治家、学者这样一些有更多见识、更开阔视野的人，他们的结论也是不同的。

3. 一系列令人感兴趣的话题出现

人们在这里产生的好奇心与学术性提问通常是：在社会组织"走出去"的现实中实际发生的情形到底是怎样的？是求同存异还是相反？共享价值的概念是否真的会落地以及它是怎样表现的？企业在进入一个新的国界内经营时，它们在务实性原则的激励下又表现为怎样的一种具体情形？它们与NGO会有区别吗？

再接下来的问题是，在现实中不管表现为哪样一种价值，当其中一种占据明显的压倒性优势的时候，我们接下来会问这样一个问题：这样一种价值选择能代表一种合理的结果吗？换句话说，它们是自然而然产生的，并不是在一个国家内由政府的行政权力规定出来的，那么这样一份自然的结果与理性视野下的最合理结果是否吻合？或者更具体地说：当NGO与企业这样做的时候，由此所产生的社会价值与社会贡献能否呈现为一个更优的结果？本书后面的章节将回答这些问题。

在价值这个起点的基础上，本书沿着这个脉络回答的第二个问题是：社会组织走出去真正应该掌握的关键性能力是什么？在社会组织走出去热潮兴起之际，有着大量的培训和大量的研讨，且培训的内容丰富多样，但这些内容背后，是否回应了最为根本的内核，这也是本书试图以共享价值为出发点延伸的第一个关键性内容——什么是社会组织走出去的专业性，或者说应该是所谓的语言、流程等背后厘清的专业性的真正意涵。

第二章

社会组织走出去分析框架

本章内容是基于现实中的相关事件而总体勾勒出来的一个结论体系。这是归纳形成的结果，我们暂且先将这种整体性结果作为分析框架，用于分析社会组织走出去的诸多事件，同时又将在后续章节中对于这些事件深化论述反过来核证该分析框架，进而让我们对事实的分析更有深度。

一 两类公益现象

1. 两类公益现象的第一种表现

在新冠肺炎疫情期间，许多公益组织和个人积极开展行动，其中一个有趣的现象是社会中的公益居然分成了两个层级。

第一个层级是在社会整体层面上捐款捐物，最终将这些款物划入政府主办的系统整体调配的序列，相同的行为政府和企业也在做，于是公益组织的价值贡献量就陷入了要与政府及企业相互比较的尴尬境地中，而在资金量方面它们并不占有优势，相反，在这其中它们失去了独特性，但即便如此，它们仍然在试图发现自己的独特作用。

第二个层级则位于社会更基础层面，社会组织通常在社区内或跨社区的社会公众之间行动，它们提供的更多的是人心的温暖、陪伴、心理支持以及精细而具体的小额物资（如特殊人群的药物）或服务递送。紧急救援时期，它们让物资在社会更精细的毛细血管中畅行起来，同时又使得在疫情严峻时人心没有崩溃，尤其是让那些脆弱群体获得支持，减少社会排斥，社会群体命运共同感的氛围也在增强。总体来说，该层级明显起到了一种独特作用，其他主体很难替代，且这种作用至关重要。

但有趣的是，相比前一类公益，这一类公益更加默默无闻，而且它们很难得到前一类公益力量的支持，大量的资金实质上也没有流入这里，而是汇集成整体以与政府及企业相类似的形式捐给医院或汇总到政府指定的几家机构。为什么会是这样一种格局呢？

在回答之前不妨再回到 2008 年汶川地震和 2013 年雅安地震的救灾活动中。常有让人吃惊的荒唐事件，例如，在援建某地震重灾区儿童福利院的过程中，一家公益组织已经确定援建该福利院，但到了最后，则是一家政府公益组织最终定点援建了该福利院，公益似乎成了一种"争抢"的买卖。类似的，像重灾区重点中小学的定点援建也存在着同样的竞争现象。相反，与这些"明星"灾区的中心校、中心福利院相比，那些同样受灾但在身份上默默无闻的对象却不会有这样的待遇。事实上，从地震灾区中心点向外围辐射的过程中，不同受灾地区受到的关注度急速降低，实际救助量也急速减少，其速度明显快于受灾程度的递减速度。

同样的道理，在时间维度上也是如此。在地震发生之后的72 小时乃至于数周内，全社会的热度包括公益组织卷入的程度达到了一个极高的峰值，但随着新闻媒体热点的下降，公益组织也会产生一个退潮式的快速退出。在灾后半年到一年后，灾区则呈现出一种"门庭冷落"的现象（巨灾可能时间长一些），在这里，公益组织曾经热闹地工作过。与此形成对比，国际性的灾后重建工作并非如此，其延伸一年甚至数十年的灾后重建工作是救灾重点，其虽非急迫但却根本，直指救灾实质。

为什么会如此呢？为什么那些社会同样有需求的甚至更有需求的场所（或时期）却未必得到恰当的关注，相反，那些容易成为媒体热点的、少数时间点里的少数地域上的少数对象，却成为我们格外关注的对象呢？答案或许就在于，媒体关注本身正是我们参与救灾要换取的价值物之一。

实质上，无论是企业的社会责任行为还是公益组织的救灾行动，其行动本身都受到内在动机和外在激励的驱动，沿着不同的出发点和激励因素会出现两条截然不同的轨道：一种是内心中本身注重是否符合社会责任或公益行动的本意、贡献以及贡献点是否能真正产生价值，同时在外部看重当地社区、社会公众或者是企业员工对自身的认可；另一种则是外部道德要求、媒体报道和政府认可占据动机驱动的重要成分，即关注媒体报道宣传，追求获得政府的嘉奖、表彰和认可，关注在宏大层面上被激励。

基于不同的出发点，分别处于两条轨道之中的企业和公益组织便会采取不同的行动，前者真做、做实，用心地服务当地居民，追求获得当地居民的认可；后者则是规模做大、资金投入多，追求表面声望好，但当地居民或许不一定认可，可能陷入形式主义或"假大空"。由此出现上述两类公益现象的第一种表现。

2. 两类公益现象的第二种表现

我们深入国内一些偏远地区的社会经济发展脉络中就可以看到，当地往往会接受来自内地经济发达地区公益性质的援助，而这样的援助同样又有两种形式。第一种形式就是大量款物汇集到达现场与当地的政府合作，援建一些重要的地标性建筑，或者是一些在理论上被认为是对当地教育、医疗、卫生事业发展有明显促进作用的公共设施。而另一类援助却通常是由中小型的公益组织运作，它们把目光聚焦于那些各方面有特殊需要的人群，在款物递送过程中还会形成人与人的交融、人心的陪伴和温暖的递送，同时还可能伴随一些专业化的社会服务等。例如，即便是在和新疆"七五"事件相关的政治敏感期，一家公益组织仍然可以只身在南疆地区喀什市几乎没有汉族的地区的学校和社区中递送奖学金，并且与那里的民族同胞相拥而泣、相亲相爱；或者是另外一家公益组织开着自己的流动医疗救助车奔驰在广袤的青藏高原上为藏族同胞送医送药，其中人心的相通已经完全跨越了民族隔阂。

如此泾渭分明的两种公益援助模式构成了一幅可供人们思考的图景。有趣的是，同样的现象也存在于中国援外力量走出国门的场所。我们企业在走出国门进行援助的过程中，花费了大量的财力、物力，但社会效果却并不尽如人意，如当地社区公众不知情、公众不买账，或者由于援建的学校和医院的硬件设施没有相应的配套服务而出现相对冷清的局面。

案例 1："富丽堂皇"的医院，却融入不了社区

公益组织 K 在周边友好国家援助了当地的医院建设，将医院建设得设施完善、装潢华丽，其建成仪式也做得轰轰烈烈。但是，该医院和当地周围的社区环境差异明显，甚至超前于当地的水平，显得有些"格格不入"。相反，另一个国家的援助组织建的公共设施却非常"接地气"，在建设过程之中，也调动了不少当地居民参与决策、施工与监督等。于是，在居民们眼中，K 组织援建的医院便成为"象征性"甚至是"作秀"的产品，最终，当地的实质医疗情况并没有得到多大的改善（因为医务工作者的水平并没有变化）。

案例 2："吃力不讨好"的安置房建设

中国的某跨国公司在缅甸开展一项大的工程项目，需要对一些居民进行移民安置。公司本着建设友好在地社区关系的出发点，在当地政府的支持之下，费心费力地建造了一些安置住房让这些居民居住。但是，公司的好心好意却没有被当地居民认可，反而招致一片骂名，让公司与在地关系紧张。

究其原因，首先，在房子的建造上，从选址到建造，全程没有当地居民参与。最终房屋的建造风格、格局与当地房屋建筑有一定的差异，也不适合当地的气候条件，导致居民们不满。其次，在移民过程中，居民们也扮演着一种"被动"的角色，没有民主参与，也没有话语空间。被动的选择让居民将产生的一切不满都归结于公司。

若居民有了自主参与决策的空间，那么其自主选择发生后，便会一定程度对自己的选择负责，而不是抱怨与不满。

为什么会有这样一种差异存在呢？

这同样有一种解读：在同样是提供公共服务的过程中有两种不同的倾向，一种是对上负责，另一种是对下负责。二者对应着完全不同的公益援助格局。

其中，对上负责即对政府负责，当一个援助组织到一个新地方，如果能够对接当地的政府，那么就被认为可以"一劳永逸"地解决诸多的问题，包括一定程度地越过需要与当地民众建构良好关系的烦琐门槛，绕过当地的各种风俗习惯、民情民意，绕过建构公共设施时由自己来沟通协调的复杂程序，甚至只要资金到位，接下来的事情将会水到渠成。从功利主义角度讲，如果当地有一个稳定存在的政府，那么不管是做公益还是做生意，与当地政府建立起良好关系并借助其行动，将是最好也是简便快捷的途径。

在上述的建医院案例中，为什么需要建医院、在哪建医院和建怎样的医院都是上层决策，由 K 组织的领导和当地政府的领导直接对接决策，虽然对于政府之间的关系可能有所改善，但却缺乏民意基础。缺乏民意基础的原因在于：项目并没有针对当地真实的社会问题采取恰当的方法；其行动的决策方式是自上而下的，并没有给公益组织执行人员进入社会现场、发现需求、回应需求的自主空间。

二　两种不同的公益模式

1. 对上负责的模式（对政府或媒体负责）

上面关于两类公益的不同角度的讨论中，不管是对媒体负责还是对政府负责都有相同的特点，即对上负责而不是对下负责。它们都不把社会公众的受益作为唯一考量的因素，甚至未必是最重要的考虑因素。既然媒体可以因为你投入一笔资金而为你讲好话，替你向整个社会彰显成果，那么，追求这种效果就会比在一个局部地区受到有限的当地民众认可要"有效"得多。对政府负责也同样具有这般效果。

媒体所使用的话语体系，恰好也是过去由政府集权化管理社会时所配套使用的那套话语体系，即高尚奉献观。它们分别代表权力的上层或意识形态的上层，它们把本该是受益人"买账"说好的事情转化为社会顶层管理者阶层的买账、社会旁观者的买账（媒体传播），以及社会旁观者站在顶层或道德制高点的买账。或许在本原原理上这并没有什么问题，当国家权力或传媒工具能够真实代表基层社会公众的需求时，它们的想法也就代表了受益人的想法，只是当二者之间产生分离或不重合现象时，这一前提就无法得到保证，对上负责和对下负责的效果就开始产生差异。

2. 对下负责的模式（社会在决定）

我们走出国门进入的海外社会场景可能是一种我们所不熟悉的场域，或许需要遵循"社会在决定"的运作机制。

"社会在决定"包括在公益领域里社会在表达它是否需要、是否满意，因此它是公益项目运作优劣的判别者，是投入资金是否能起到相应效果的判别者。

"社会在决定"的原因可能是其政府以一种不同的身份出现，它并不是全能政府，也不一定那么稳定、持续。一种情形是政府可能会随时由于政变等因素而被推翻；另外一种情形是由于民主选举等，执政班子也并非一直固定。因此政府认可的价值大大下降、稳定性大大下降，而民众认可则具有更为根本的意义。此外，当地的民众或许骨子里就没有根深蒂固的官本位文化，社会在表达、个体在表达的思维习惯或许更为根深蒂固。另外，即使政府是全能政府，还有一种原因是，行动的公益组织的确发自内心要做公益，它们在做出自己的努力而力图促使民众成为真正的主人。

三　对下负责型公益项目的模式勾勒

1. 需要做好三方面的核心工作

（1）打通公益项目运作的通道

打通包括相应的法律屏障、宗教文化习俗方面的屏障，进行运作通道上相应的社会关系网络的建立或合作队伍的建构，从而让公益项目能够顺利抵达项目点并开展起来，这与由政府依靠行政权力统一性地扫清障碍，让项目落地实施的情况截然不同。

（2）获得当地人的接纳、认可与信任

有时我们会简单地认为，既然是去帮助对方，是去做公益项目，那么岂有对方不接纳、不认可之理？另外一种思维是按照我们传统思维，通过政府的行政权力体系，事情会自动落地执行，不存在接纳、认可与否的问题。

这里使用"人心"一词会更好理解。我们进入当地社区能否获得当地人的人心，或者我们是否具有温暖对方的心，与对方交融。谈到这一点就可以看出事情并不容易。在战争年代，一个军队要称为人民的军队就是要看它进入村庄的方式及与老百姓之间的关系，其中没有任何强制性条款可以依据，更不能用武器威吓，而是一种没有权力却让对方认可的能力。要被对方接纳靠的是外来者真正与对方一心一意，其显示出来的是发自内心的平等和尊重，递送出来的是温度。一旦对方并非从内心上接纳你，那么接下来的事情就不好做，并且即便能够在形式上做成也未必能够起到为社会传递温暖的相应效果。

（3）拥有解决问题的能力

有时我们会错误地认为资金到位问题就自行解决，但事实却并非如此，最典型如：我们把新阅览室建起来，把新书递送到位，但孩子们未必真正爱上阅读。要想让师生愿意到这里阅读，就需要有一套动员或吸引他们的方式方法，而正是如何让师生对阅读"上瘾"已经显示出阅读推广类公益组织的专业性水平；如果是做扶贫发展，想让受助者不再"等靠要"，自我造血而并非靠持续输血，那么需要让受助人成为真正的责任主体，我们经常说的"授人以鱼不如授人以渔"说起来容易做起来难，这便是专业性是否具备的问题。

即便是让当地村庄的人们行动起来保护自己家园的生态环境，这看来是一件对他们有益的事情，但他们是否配合，所产生的效果却会有天壤之别。被动地等待和主动地参与是两种完全不同的项目运作范式，而要让他们主动参与进来则是一份颇具挑战性的专业工作。

2. 公益行动者的受益

以上列举出来的是挑战性的三个方面，但作为公益行动者（包括企业和公益组织），同样会因此而受益。当你与对方以人心换人心，双方相互融通后，便会获得一份实质性的社会认可，这份"认可"的坚实有效和细致化程度超过了任何工具性的手法和行政化的指令。而在公益行动者试图用专业化的手法解决社会问题完成社会干预项目时，能够感受到在切实促进社会发展中的愉悦和社会价值感，此外还有在拥有相应专业能力时而产生的胜任感。

其实最重要的是，行动者能够看到用心帮助人的实质性效果和享受到其中纯粹的快乐，其内在动机被激发出来，不愿意再以工具的方式来帮助人，不再以为了获利而帮助人，参与者的人格层次、价值高度都获得了升级。事实上，没有一个人愿意永远停留在工具性层面，没有一个人愿意停留在仅仅是物质价值附着的层面，也没有一个人愿意停留在仅仅与他人比较而显得自己更有能力来证明自己是成功者的层面。

3. 促使一些行动者从源头产生质变

一些行动者在企业运营中聚焦的不再是单纯的营利行为，而是围绕着营利凝聚相应的社会责任，形成一整套的目标价值体系。其中，运作企业而可以实现社会目标这一点被明显地凸显出来，因此整个企业又可以称作社会性质的企业或简称社会企业。

当前国际企业市场已然达成一种普遍的共识，企业存续的根本理由是其产品或服务解决了社会问题，即产品或服务只有解决了某项社会问题，企业的存在才有价值。实际上，国际上一部分处于领先水平的企业早已开始思考日益严重的全球性问题和整个世界面临的挑战，围绕可持续发展和创造共享价值来布局产品和服务，致力于社会问题的解决，例如，企业应对全球环境问题研发新材料、新能源或者创新探索循环经济；应对部分国家和地区的饥饿问题，寻求更优质的作物和研发更高产的技术等。

这部分企业即典型的社会性质的企业，其核心在于将社会问题的解决纳入企业经营运作的整体格局中，企业经营运作是为了解决社会问题，生产服务和商品的营利行为也上升到解决社会问题的责任行为，市场营利目标和社会目标从源头处融合为一体。

四　对上负责型公益项目的模式勾勒

另外，对上负责型公益项目显然有其自身成立的理由，在这里，人们除了实质性做公益的动机与目标外，还包含以下几个方面的额外收获：第一，整个公益项目运作路径的简捷性，不需要再承担自下而上打通路径、适应环境的代价；第二，用公益捐赠换取自身在媒体领域里的热度，并将这份热度传递到整个社会领域；第三，换取个人的成功或社会声望，个人或许能成为典范人物，或许被政府认可或树立为典型，或许被媒体认可而成为焦点人物；第四，收获实质性的物质利益，即通过捐赠与当地政府建立良好关系，甚至获得额外青睐。

但与此同时，它也无法获得对下负责模式中所拥有的那些优势，包括人心的共享或拥抱、人与人之间的平等与接纳、真正的持续认可；对公益项目专业性的实质性掌握；因公益的社会化运作而建构起来的整个社会化网络体系。此外，尤其重要的是，在这个模式下也无法获得通过纯粹真心来为他人、为社会做事情而产生的那份人格层级的升华和价值观。

五　两条路径效果的融通性

即便我们对下负责，最后也并不会丢失对上负责的那些效果，只是它们会在后期延迟得到。相反，对下负责的效果在层层递进的过程之中，包含且不局限于对上负责的效果。

1. 对下负责的第一重社会效果来自人心

由于人心的交融而产生的效果毋庸赘述。它也可以自下而上地获得当地政府认可、社会声望、媒体关注等，只不过并不是所有公益组织都追寻后者，因而没有被凸显。

2. 对下负责的第二重效果来自专业性

专业性让我们投入特定资金后获得特定的社会干预效果，它不仅仅是递送一份物资或资金，还包含传递一种可以让社会产生整体性变革的社会效果，例如，让当地社区有自己的营收产业，有自己的民主决策机制，建构起自身的社会服务体系，其社会温度在上升等。这是真正意义上的社会结构的变革，而不是形式上的热闹。

3. 对下负责的第三重效果来自评估

当公益项目被当地民众认可后，在他们的配合下产出的社会效果还要不要做评估？答案是要的，且评估会有独特的价值，即能够通过科学、专业评估的方式，以一种具体的量化方式传递回项目资助方，然后再传递给整个社会。到了这一步就产生了一个质变的效果，即更广大的外部世界也看到了你在这里做公益并且看到了你做公益的真实社会效果。

请注意这里评估看似起到的是在传统上媒体宣传的作用，但二者存在本质区别：第一，社会效果一个是基于科学化的评价，另一个则是通过媒体的镜头捕捉（可能存在一定的片面性）；第二，传递的方式不同，一个是通过朴素性质的公开渠道客观中性地阐述因果逻辑下的成效，另一个则是通过媒体以热情洋溢的方式或居高临下的方式传递给更多的人。

六 行动框架

1. 提出问题

有了上面的知识体系基础后，对当前我们的社会组织走出去可以提出一个关键问题：当我们长久以来习惯于一个对上负责的社会，走到一个更需要有对下负责意识的社会中时，我们会触碰到什么？

尤其是发现真要做到对下负责，对社会组织整个行动能力体系的要求发生了全然不同的变化，这里不仅要学会搭建行动的路径，还要学会人心的相通，尤其重要的是随着项目的由浅入深，我们还要拥有进行社会干预、解决社会问题的专业能力。

简单来说就是，我们要能够融入对方的社会之中，与当地社区民众打成一片，然后面对他们所要面对的问题并将之有效解决，甚至做到使当地进行持续的社会变革，这样才能体现出我们是一个真要做事且能把事情做好的专业团队。

好在另一方面，当下随着国内公益事业发展，已经有越来越多的社会组织步入专业化的轨道，有些组织继承国际机构来中国发展时带给它们的理念和专业能力，并有所深化和拓展，而另一些组织则在中国文化土壤中自生自长地培养出了相应的解决问题的能力。

2. 分析行动体系的框架

基于上述分析，社会组织或企业在通过公益的形式走出去的过程中，需要具备三方面的能力（见图2－1）。

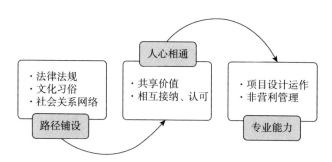

图2－1 社会组织走出去需要具备的三方面的能力

第一是路径铺设，包括法律法规、当地的文化习俗以及社会关系网络体系的建构；第二是人心相通，即如何获得对方的接纳与认可，以及我们如何接纳与认可对方；第三是解决问题的专业能力，随着公益项目由浅到深，社会组织对社会的干预力度越来越大，那么对专业能力的需求也就越来越明显。

3. 我们（社会组织）期待从中收获什么

这其实正是走出去的目的所在。或许我们每一个人内心都有自己的想法，但随着社会力量走出去深度的不断加深，相应的内容也会发生变化。

我们期待的收获是，通过走出去对那些在国际社会中有需要的群体给予实质性的帮助，借助这些帮助而与他们建构友好的关系，发现我们的朋友遍布天南海北，人心相通可以跨越遥远的地理距离。

我们因此还可以获得国际化的视野。不管国际潮流是以一种怎样的方式在变化，我们都需要坚守自己的内心，听从内心的呼唤。我们会看到一个地球村时代真的在一个侧面上是成立的，通过内心的温度和人格的力量，我们可以拥有更开阔的视野而不是把自己收回来藏在一个地域空间的外壳之下。

我们还可以将走出去的过程中所发展出来的更娴熟的专业技术和公益理念反哺用于国内的公益项目运作中，即便退一步回来，当我们自豪于自己国家经济的发展速度、GDP 总量时，我们不仅拥有自豪感还可以将其用于对国际邻里间的帮助上。

过去看到国际援助的力量进入我们国家，帮助我们应对困难和灾难时，我们会感到愉悦；相同的道理，我们也可以将这份愉悦传递给他人。

后面的章节将按照路径体系、人心相通和专业能力三个方面来展开具体的论述。

第三章
社会组织走出去的路径体系

在以往的研究中，社会组织走出去的路径往往指社会组织是怎么走出去的，例如，有些学者认为社会组织国际化的路径主要包括组织路径、国家路径、合作路径和资源路径四个维度，而与这些路径对应的则是政府的权力支持，即帮助社会组织实施国际化的战略。这代表了一种良好的愿景，即，如果政府把一切都安排好，那么社会组织就可以发挥作用。

而现实中我们看到的情景是，一些政府安排路径的组织这么多年还在门槛上徘徊，而一批能干好的社会化公益组织已经靠自己的摸索走了出去。当然我们并不是说不需要政府或政策支持，但这里更侧重于社会组织自身的积极行动。虽然它们的项目可能还很简单，走出去的规模还很小，探索中时常磕磕绊绊，但它们代表了中国社会领域的国际责任感。我们的研究从它们的现实案例和场景出发，构建了一条自下而上走出去的路径[①]。

这条路径分为四个台阶（见图 3 – 1）。

[①] 在本章节的讨论中，我们纯粹讨论路径，专业能力的内容并入第六章进行系统论述。但事实上，该路径体系需要专业能力进行建构支持。

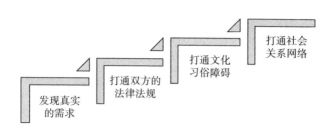

图 3 - 1　走出去的四个台阶

一　第一个台阶：发现真实的需求

社会组织走出去的第一个台阶是发现真实的需求，并因此而产生满足这一需求的强大动力。这里的需求并不是理论上一个国家和地区人们的宽泛需求，而是具体的和一个社会组织有明确联合的需求。这个需求的发现可能是感性的，如当地的某种困难引起了共情，使中国社会的某个人或一群人下定了要去帮助其的决心。这个需要也可能是理性的分析，基于调研或者是其他契机，通过科学分析等，促使某个社会组织有了明确的行动动力。当然，更多的是感性和理性的结合。下面是一些发现对接具体需求的场景和案例。

1. 人道主义危机

找准需求是比较有难度的事情，而灾情（如地震）发生时，人道主义危机爆发出来的需求十分明确和强烈，社会组织、捐赠人容易和灾区人民形成强烈的共情。我国这两年走出去开展公益项目的社会组织中很多都是因灾因疫而真正走出去的，一些还是从未想过要走出去的组织。

案例1：中国扶贫基金会2005年开始与国际美慈组织合作向印尼海啸捐赠药品，2006年提出了国际化战略，之后十多年都是以捐款捐物回应人道主义危机的需求为主。2015年，尼泊尔发生地震，扶贫基金会理事会决定组队派员到现场救援。在一线服务的过程中发现了更多真实的灾后重建的需求，而满足这些需求需要有公益项目在当地落地，进而需要有人在当地常驻。有人常驻后便发现更多的一线需求，通过各种努力对接资源持续行动后，进一步在尼泊尔注册了办公室……就这样一步步地，扶贫基金会在尼泊尔扎下了根。

案例2：新冠肺炎疫情期间，国外对于医疗物资的需求迫切，猛犸基金会、复星基金会、马云和阿里巴巴基金会等都开展了大量的国际援助项目。此外，海外这样迫切的需求还带动了一些从未想过走出去的小社会组织，如荆门义工联和心舞社会工作室这样位于我国四线城市的小社会组织，它们也尽己所能开展了少量的防护物资捐赠工作。

2. 一线参与发现需求

一线参与和感悟是发现需求更好的方式。社会组织的工作人员、志愿者或中资企业的员工在专业方法的引导下，通过在一线的观察能够发现很多社区的需求，并和自身形成强烈的关联性。这些需求可能会促使社会组织的项目落地或促成新社会组织的成立。

案例1：在云南的瑞丽，中缅两国人民互联互通，然而国门那边经济发展水平却相对落后。在日常生活、商贸交往和亲邻交往中，当地的社会组织可以发现缅甸人民的很多发展需求，就自然而然地讨论起能不能共同做点什么。瑞丽妇女儿童发展中心长期开展妇女儿童发展服务，国门内外的学生发展的差异让缅甸当地的教育官员希望其能够进入学校开展项目。瑞丽国门志愿服务队的高先生原本是一名商人，每日往来中缅边境开展贸易工作，有时会组织瑞丽的企业家朋友一起去做好事。去的次数多了，当地的一些热心人士也想一起加入志愿服务队，就成立了一个由中缅两国志愿者组成的联合服务队，更专业地设计和开展发展项目。

案例2：招商局集团在全球27个国家和地区拥有68个港口，当地员工的比例达90%以上。招商局慈善基金会有限公司①2017年起每年发起公益创投项目，鼓励各个海外分公司的员工发现身边的公益需求，并设计成公益项目，基金会对项目进行评审并对符合慈善目的的项目予以支持。有的项目可能在基金会看来并没有那么好，就会被拒绝。这时候动力不强的提议人往往就会接受这一结果，而对需求回应很迫切的项目提议人会联系基金会的资助官员据理力争，表达这个项目对当地的重要性，资助官员会再沟通，帮助优化项目。

案例3：造梦公益是由中国的年轻人在肯尼亚成立的社会组织，其创始人阴斌斌在读大学的时候去肯尼亚做

① 该基金会在香港注册运营。

志愿者，在一所贫民窟的学校里，他被校长和孩子们感动了。就和《三杯茶》里描述的那样，他获得了校长的信任，并承诺帮贫民窟建一所学校。他通过众筹的方式筹集了 8 万多元，利用一个暑假的时间在当地建起了一所学校。因为肯尼亚贫民窟的需求太多，后来他又返回肯尼亚，成立了造梦公益这家组织。现在该组织作为多个官办基金会的执行机构在非洲开展公益活动。

　　案例4：湖南爱弥儿发现了中国青年有参与国际志愿服务的需求，因此设计了收费的青年志愿者国际研学活动，与境外的社会组织合作，为青年人创造体验、调研、学习和交流的平台。

3. 专业调研发现需求

社会领域的专家和专业人士可以开展较为深入的需求调查，为社会组织设计满足更深层次需求的项目提供基础信息。这种专业调研有的是社会组织自己组织的，也有一些资助型基金会支持此类调研项目。例如，爱德基金会每年会从自身行政费用中调取一部分用于项目团队走出去开展需求调查工作；扶贫基金会在海外的代表处也经常邀请专家到项目地开展调研和项目评估等工作，通过专业视角帮助社会组织更好地把握当地需求、优化项目；深圳国际交流合作基金会聘请了一家专注于社会创新领域的咨询公司 Diinsider[①] 帮助开展东

---

　　① 深圳创新洞见咨询有限公司（Diinsider）是一家在东南亚和非洲支持当地草根组织的中国社会创新企业，公司业务是推动"走出去"项目的本土化对接与可持续发展，同时赋能新兴市场国家基层的发展创新组织。

南亚国家的社会需求调查并设计项目。

4. 需求自己找上来

社会组织的公开透明不仅是对社会的义务，还能够帮助组织获得很多意想不到的资源。当一家社会组织的项目开展有效果并形成一定的社会影响力后，需求有时候也会自己找上来。

> **案例**：平澜基金会和另一家社会企业合作在非洲开展野生动物保护工作，由于当地野生动物进入村庄破坏人们的生产生活，为了避免这一现象对村民支持保护野生动物意愿造成不良的影响，它们从中国筹集资金，在当地安装能闪烁的太阳能灯围栏。这个装置很简单，且使用太阳能充电，晚上一闪一闪的，野生动物就不会靠近。解决了人兽冲突的导火索，当地社区集体参与野生动物保护这个工作便能更好地推进下去。这个项目在非洲开展了 3 期，效果较好，社区和当地的环保组织都很欢迎。于是，项目就产生了口口相传的效应，当地野生动物保护组织应社区居民的要求主动搜索联系，给社会企业的公共邮箱发邮件，表明在哪看到的效果，怎么通过搜索找到它的邮箱，希望能够合作。

二 第二个台阶：打通双方的法律法规

社会组织走出去的第二个台阶为打通双方的法律法规。

当一个社会组织发现需求又有能力去解决时，就需要面临很多法律法规和政策流程方面的问题。第一章中说过，目前的政策框架既不激励也不限制社会组织走出去，然而社会组织要真正走出去，仍然需要去了解大量法律法规和相关的政策流程。这一方面需要一些专业的第三方服务机构的支持，另一方面也需要政府完善法律和相关政策支持。

1. 法无禁止是可为还是不可为

很多社会组织最担心的就是法律的不确定性，很担心自己做了好事反而受到处罚。理论上，法律对公权力是法律授权才可为，对私权是法无禁止皆可为。但现实中，不同政府部门对法律的不同解释会让社会组织战战兢兢。如在新冠肺炎疫情期间，很多公益组织虽积极地开展了国际抗疫项目，心里却没有底。

面对网络上公众高昂的援外热情，北京新阳光慈善基金会申请了公开募捐备案，在互联网募捐信息平台上对海外疫情援助开展募捐工作，然而不久就收到了需要更为复杂的审批流程之后才可以在网络上开展募捐的通知，那一时期的政策体系下大部分援助海外的公开募捐项目都很难获批。同时，针对国际抗疫活动互联网募捐的政策要求，还影响了其他一些过去已经开展公众募捐多年的海外项目，由于备案号更难拿到而不得不中止，而社会组织并不了解原因。

上海市民政局给能开展国际抗疫的社会组织发了行动授权，其他地区的基金会就担心自己没有授权是否违法了，于是四处打听如何能有一个合法的身份。也有一些组织提出疑问，如一些网络体系是否可以增强自身的合法性，加入中国民间组织国际交流促进会的走出去社会组织网络是否合法等。

因此我们看到，虽然从法律条文上看，社会组织通过重大事项备案制度就可以在组织章程的范围内由理事会决定是否走出去，然而在现实中无论是民政备案部门还是社会组织都存在困扰和疑惑，这极大地限制了民间组织的自主性和走出去的路径。

2. 法律法规

社会组织走出去，需要了解中国和目的国的法律法规，既包括慈善组织管理的法律法规，也包括项目涉及的法律政策，如宪法、民法、特定人群的保护法规、劳动法、广告法、议题限制、地方限制、活动规范、合作要求等。由于成文的法律法规均是公开资料，且是同类社会组织均会关心的问题，社会组织可以通过参与同类社会组织的交流和学习获得法律法规方面的知识，也可以寻求第三方法律机构的支持。例如，中国扶贫基金会邀请七悦、国际美慈和尼泊尔社会福利法律方面的专家共同进行研究，编制了《中国民间组织走出去——尼泊尔国别操作手册》，手册中包括了 INGO 在尼泊尔运作需遵守的相关法律。

而在国际抗疫期间，各社会组织在短时间内需要面临大量的医用器材、物流、贸易标准、外汇和社会组织法律法规方面的挑战，这对社会组织来说也并不是一件易事，但同时，社会组织可以边摸索边总结经验。例如，温州高温社区通过石墨文档建立的知识库对整个国内社会组织开展国际抗疫工作起到了重要的作用。

国内的法律法规难以管辖到社会组织走出去的所有行为，

所以行业自律就十分重要。在亚洲基金会的资助下，中国国际民间组织合作促进会曾邀请七悦团队作为专家组起草"中国社会组织参与国际项目合作"自律行为守则（见附录三），供社会组织自主承诺参考。

3. 伙伴信用与政治风险

社会组织走出去需要对合作伙伴开展尽职调查以规避多种法律风险，首先是开展合作机构的公益性调查，以避免因为资助非公益性活动而接受税务调查，或者公益财产受损；其次是建立信用机制，促进优胜劣汰；最后是需要政府主导建立公开的负面清单，以免社会组织误选合作伙伴而遭遇政治风险。

> **案例**：ISRA 是一家总部位于苏丹，在全球有 40 多个代表处的国际组织。宣明会曾于 2014 年向美国政府提交与 ISRA 合作开展尼罗河地区食品安全的项目，并获得批准，而在此之前宣明会已经与该组织有过多次合作。2015 年美国政府发现世界宣明会使用美国国际开发署的国际援助资金资助被列入制裁名单的 ISRA 机构，并展开调查。宣明会认为美国政府对该项目的资助本身就表明政府对该合作组织的认可，责任不在组织。2020 年调查结论发布，认为该笔资助资金间接地资助了恐怖主义活动，宣明会将自身的甄选合作伙伴的责任推给美国政府是不妥当的，建议建立一套更加健全的机构审查制度。不过美国政府并没有因为这一调查和负面事件而终止对宣明会的资助。

4. 在海外设立分支机构的案例

社会组织在国际化的过程中会面临各种法律法规困境。有的国家虽然关于社会组织方面的法律法规健全，但是社会组织缺少相关的知识、人才和渠道；有的国家社会组织的相关法律法规相对并不健全，一种情况是该国对社会组织非常开放，而另一种可能是该国对社会组织管理极度严格。

我们先看一下国际组织进入中国的一个案例。

案例1：国际小母牛美国总部1985年进入中国，当时我国对于国际组织在华注册尚未有明确的法律，小母牛先是挂靠在四川省畜牧局下为项目办，后来又在南京和成都商务部门的支持下注册成外资公司20多年。随着《基金会管理条例》的出台，该类组织由民政部门管理后，组织又经历了工商年检无法通过，民政注册难的3年。在民政部门"高人"的建议下，小母牛美国总部同意四川海慧作为中国本土组织注册，不使用小母牛的品牌，但仍继续给予资金和技术的支持。前期受身份的限制，小母牛发展较为缓慢，仅能开展一些基础慈善类的项目，后期合法注册后才开始开展社区建设项目，快速发展起来。2015年，小母牛美国总部停止资助中国项目，而该机构支持成立起来的香港小母牛和海慧已经能自主地在扶贫和社区发展等领域发挥积极的作用。

在我国社会组织在海外成立代表处方面，目前我国组织在埃塞俄比亚、尼泊尔、缅甸和柬埔寨等国已经有设立代表处的经验，这些国家法律法规相对健全，对社会组织相对友好。海外国家关于社会组织和境外非政府组织的管理并非针对某一国家或组织，因此同其他组织的交流和学习十分有效。

　　案例2：中国扶贫基金会在2015年进入尼泊尔开展地震灾后救援后，根据当地的需求计划开展灾后重建项目，经过调研发现有三条路径：第一条路径是把钱捐给在当地有分支机构的国际美慈，每年过来检查一下；第二条路径是自己独立做，找一个当地的社会组织做合作伙伴；第三条路径是注册成立代表处。综合评估下来，跟国际机构合作管理费很高，要20%左右，而尼泊尔社会福利部支持建立代表处并介绍说建代表处仅需要一年投入10万美元①。经过研究，扶贫基金会决定在尼泊尔注册代表处，三个月左右就注册了下来。但注册下来后，才发现其他的法律法规和程序也需要花费半年左右的时间才能了解清楚，比如雇佣、财务、安全等。

三　第三个台阶：打通文化习俗障碍

　　从社会科学的视角看，文化是一个民族或国家的价值体系，通过网站、书籍等了解现有的研究是社会组织走出去之前了解项目国文化的"敲门砖"和"必修课"，其便于社会组织理解当地的历史、人文和禁忌。而在实际生活和工作中，

---

　　① 这一标准每年不同，2018年的标准为每年至少20万美元。

文化是更加多元和生动的，关于整个民族和国家的一些价值判断有时候容易落入刻板印象，还可能难以与时俱进体现当下的变化，亦无法面面俱到。英国人类学家奈杰尔·巴利将自己在非洲喀麦隆多瓦悠人村落进行田野工作的经历写成了《天真的人类学家》一书①，让我们看到即使是一位专家也会面临各种文化的盲点并能引起研究的反思。

为了在工作之前有一个扎实的理论基础，一定程度的文化了解和探索是必需的。社会组织需要去了解文化禁忌，但必须注意的是，不要对其文化有刻板印象，或者假设某种文化下的人会有某种价值观。现代社会变化的速度可能快过了现有学术研究的进度，而且文化内的差异有时比文化间要大。② 社会组织可以通过深入对话、表情观察和社会互动进行一定程度的探索，也可以通过讨论增进文化的互相了解和理解。

1. 文化自觉与他觉

前文提到的共享价值是一种自下而上、可以共通的文化，是具体的、可交流的。文化的生命力在于不同文化间平等的交流与互动。③ 社会组织在拥抱共享价值方面具有天然的优势，能够构建沟通的渠道，通过平等尊重的人与人之间的真情互动去求同存异，在这种交流的过程中实现文化自觉、他

---

① 〔英〕奈吉尔·巴利：《天真的人类学家》，何颖怡译，广西师范大学出版社，2011。
② Atkinson, D. R., Morten, G., Sue, D. W. (Eds.), *Counseling American Minorities: A Cross-Cultural Perspective* (5th Ed.) (Boston: McGraw-Hill, 1989)。
③ 金丝燕：《跨文化研究与文化转移的定义》，《民俗典籍文字研究》2017年第1期。

觉和互觉。

以下这个案例虽然是学生之间的国际交流，其中的道理也适用于社会组织参与国际治理。若缺少有效的沟通，再好的文化和理念都没有立足之地。

案例1：十多年前，某高校组织了一个学生的代表团赴境外参加模拟联合国会议，参会的都是各国高校青年学生。为促进青年人之间的交流，会议除了每天白天的模拟会议外，还组织晚会等活动。该团队出发前有任务，要在大会结束时获得一个奖项，以展现参与活动的成果。因此领队老师十分重视，每天针对会议的规则和议题进行紧密的练习，不让学生们参与社交活动。两天后，各国学生中间就传出了各种针对这一个团体的不利流言。他们像上下课一样的参会安排使他们与其他人格格不入，虽然他们的发言准备得很好，但没有人关心他们在说什么。其中最优秀的一位学生很忧虑，到第五天仍没有人给他们投票，便向国内老师请教。"你平时是个爱唱、爱跳、有趣的人啊，你的同学们也是，为什么要展示高管控、书呆子的一面呢？你们展示的不是真实的自己，别人怎么会不奇怪呢？"第二天，她和同学们一起去参加了聚餐和之后的舞会，和各国的参会者一起交流、欢笑。虽然还有人质疑为什么他们老师的车停在门口盯着他们，但通过解释大家也理解了老师是出于对他们安全的关心。第二天当她提议和发言时，大家愿意听了，现场多了很多学生复议和讨论，最后在评奖时自然而然有很多学生为他们投票。

如果说民主治理、爱护环境、保护动物、保护人权是中国的文化，可能会受到一些质疑。然而将落脚点落到做议事协商的社会组织、环保组织、动物保护组织、公益律所或社工机构时，便会发现很多组织已经在国内开展了很好的项目，很多人在通过捐款和参与进行支持，这些和乐善好施、助人为乐等一样是我们文化的一部分。基于事实和理性建立起来的文化自信能够有效地促进沟通。

案例2：全球环境研究所的彭奎老师在非洲开展环保类社会组织交流会议的时候，一位当地环保组织的负责人向他抱怨一家中国企业对当地环境的破坏。彭奎感到有些吃惊，因为该企业是一家比较重视社会责任的企业，于是就进一步了解具体是怎么回事。当地人说，他们向企业公共邮箱发邮件询问企业项目应对当地环境影响的做法，但是企业完全不搭理他们，他们就认为这个企业是个完全不负责任的企业，当地的环境问题就是该企业造成的。全球环境研究所去和企业沟通，收集资料，展开研究，将企业在保护环境与促进当地发展间平衡的真实做法梳理出来，用环保组织能听得懂的话语与当地同行研讨。他们这才发现原来有中国人真的关心环境，还做了很多切实有效的工作，于是就从抗争和诋毁步入议事和磋商的轨道上来。

2. 文化互觉是一种路径

公益慈善本身是一种文化，如果不同国家的两个人或两个组织曾经共同为一个公益目标努力过、奋斗过，那么他（它）们可能会成为志同道合的伙伴，这份坚定的友谊成为一些社会组织走出去的稳固支撑和桥梁纽带。

　　案例1：扶贫基金会曾经参与尼泊尔地震救援的负责人说，他们的一个合作伙伴是在打开水的时候遇到的。2015年4月25日，尼泊尔发生了大地震，全世界很多社会组织都赶到尼泊尔开展救援工作，扶贫基金会也组织了工作组及时到达一线，和来自全球各地的救援力量一起工作。救援工作既辛苦又紧张，各个组织按照救援规范和流程开展工作，较少有救援目标之外的交流时间。一次在打开水的时候，扶贫基金会的救援人员和尼泊尔本土的一家社会组织的救援人员碰到了一起，他们聊起了各自机构的使命和工作目标，发现虽然在不同的国家，两家组织的工作思路和工作内容却很契合，于是便产生了一见如故的感觉。

　　案例2：来自中国的邢陌在缅甸成立了一家本土的社会组织，组织的其他理事和工作人员均为缅甸本地人，理事会成员有当地知名的慈善人士，也有当地的医院负责人，而这些人是怎么走到一起为了共同的公益目标而努力的呢？中缅交界的缅甸果敢地区曾发生武装斗争，产生了大量的难民。中缅两方的很多社会组织都参与了难民营的人道主义援助工作，在几个月的联合救援的工作过程中，大家对各自的工作能力（专业性）和切实情况（信用）有了很好的判断，也建立了深厚的友谊。来自仰光的缅甸慈善人士回去后，希望和中国慈善人士一起做一些事情，推动草根组织的能力提升，这样他们之间的友谊就自然催发出了一个组织。

3. 融入国际治理文化——参与或创建国际组织或网络

社会组织走出去，对自身关注的议题越来越有自信后，国际上有同样理念和愿景的人越来越多，这时参与或创建国际组织就被提上了议程，融入了社会组织参与国际治理的文化。

案例 1：爱德基金会 1987 年就在欧洲创建了自己的合作伙伴网络，主要成员为援助中国慈善事业的欧洲社会组织和友好人士，为基金会在欧洲乃至全球拓展合作伙伴与合作资源。通过这个合作网络，基金会向合作伙伴申请资金，将自己的员工送到英国、美国、德国等地接受语言和发展理论培训；组织欧美国家和发展中国家的社会组织交流、分享经验。在这个网络内，爱德基金会与各个发展理念相似的组织建立了平等友好的信任关系。

案例 2：北京光华设计发展基金会长期举办"世界绿色设计论坛"，为全球绿色设计方面的设计师、专家学者和企业提供交流合作的平台，推动绿色设计的国际合作。合作多了，交流的需求更强烈了，参与该论坛的社会组织们就希望能够成立一个国际组织，这样大家的参与感就会更强。2013 年基金会与比利时欧中友好协会、英国国际设计联合会、瑞士 QSC 基金会和《中国名牌》杂志社等一起在比利时发起注册了世界绿色设计组织，在全球推广"绿色设计"理念,以"绿色设计"为理念引领生产变革、消费变革、生活方式变革。

案例3:北京青少年法律援助与研究中心是一家致力于儿童权利保护的民办非企业单位,2011年获得了联合国特别咨商地位①。获得特别咨商地位后,机构可以分别在联合国三大办事处获得进门许可。拥有了进门许可以后,社会组织参与联合国机制的方式主要有出席会议,会议期间口头发言、书面陈述,利用联合国场地开展政策倡导活动等,以融入社会组织参与国际治理的文化。

四 第四个台阶:打通社会关系网络

1. 借助于专业网络

在发展领域,国际上有很多已经成熟的社会组织网络,积累了大量的专业知识。我国一些较早走出去的社会组织或

_____

① 联合国特别咨商地位是联合国咨商地位的一种。联合国咨商地位:全称为联合国经济与社会理事会(ECOSOC)咨商地位,是社会组织能够参与联合国机制的方式之一。根据《联合国宪章》第71条的规定,经社理事会就其职权范围内的事务需与社会组织协商,这为此后咨商地位的形成和规范化提供了法律依据。咨商地位主要分为三类,除特别咨商地位外,还有一般咨商地位以及名册咨商地位。拥有一般咨商地位的社会组织多为机构大、能广泛代表世界各区域大部分阶级的组织,拥有一般咨商地位后,社会组织能够参与经社理事会及其附属机构的大部分活动;拥有特别咨商地位的社会组织多为在某一或某几个特定领域里有一定专长的组织,组织能够就其专业领域内的事宜向联合国建言献策;拥有名册咨商地位的多是那些未取得前述两类咨商地位,但能够为联合国做出贡献,经社理事会批准列入名册的社会组织。

社会企业也参与或建设了一些国际网络，这种网络分为两类，一类是专门领域的资源网络，另一类是综合型的资源网络。专门领域的网络如全球环境基金的 GEF-NGO 网络，包括全世界 500 多个关注环保、生物多样性和可持续发展的民间组织成员，位于甘肃的绿驼铃是该网络在东北亚地区的协调机构。综合型的资源网络由主要推动国际交流的组织或资助型组织创立，如在华的国际组织和中国红十字基金会、深圳市国际交流合作基金会、中国扶贫基金会和中国国际民间组织促进会等均参与了较大的国际网络，能够在相关的专业领域提供知识的支持。

2. 借助于国家政府系统（大使馆等）

各国的政府系统掌握着大量的公益需求和组织资源，有些国家还有政府与社会组织合作框架，能为社会组织搭建平台。瑞丽妇女儿童服务中心在缅甸开展儿童保护项目，需要进入校园开展服务，这就离不开当地教育主管部门的支持，机构项目获得教育部门认可后，不仅能够解决进入学校的问题，还能够调动教育系统内部的人一起参与。在新冠肺炎疫情期间，马云基金会和阿里巴巴基金会援助海外 150 多个国家和地区，其中大量的海外社会组织关系是通过该国驻华大使馆或政府部门推荐的。在中非合作论坛北京峰会期间，一些社会组织通过和非洲国家大使馆人员和来华政府官员的沟通，了解了非洲国家的一些主要需求，并链接了渠道。

3. 借助于华人华侨等民间关系

华人华侨和境外中资企业负责人长期生活在当地，在当地有相对成熟的社会网络和资源，很多人还长期投入当地的慈善事业，有当地知名慈善人士、可信社会组织的资源。华人华侨既可以作为需求信息的提供者，又可以为社会组织开展服务以链接资源。上海宋庆龄基金会、中国华侨公益基金会和云南华商公益基金会的主要走出去项目均是依靠当地华人华侨。在新冠肺炎疫情期间，北京光华设计发展基金会和温州慈善总会等社会组织发挥了华人华侨资源的优势，积极开展了海外抗疫行动。

4. 借助于青年网络

当代青年对走出去解决社会问题有较大的热情和较强的行动力，具有较大的潜力。目前多家开展走出去服务的社会组织在非洲和东南亚的项目执行团队依靠青年网络，如中国社会福利基金会国际免费午餐的非洲团队（造梦公益）、北京平澜公益基金会非洲野生动物保护项目的合作团队、深圳市国际交流合作基金会深系澜湄太阳能项目的合作团队（Diinsider）等。高温青年社区和社会创新家等青年自组织在新冠肺炎疫情期间也发挥了积极抗疫的作用。这些中国青年网络不仅具有一定的海外援助的热情，熟悉国际话语体系，还愿意扎根社区开展服务，发现细微需求，设计出适应当地需求的公益项目。同时，他们还在世界各地有青年朋友，形成了青年网络，如Diinsider在东南亚和非洲构建了关注当地社区发展的青年网络，支持当地草根社会组织的发展。

第四章

拥抱共享价值

路径体系主要是让社会组织能够有效地走出去，到达海外项目的"现场"。但到达了"现场"之后，团队是否能够在当地落地生根，真正获得当地民众的认可，才是进入真正的关键环节。路径体系更近似于"术"层面的专研，而人心相通和专业能力则进入深层次的"道"的层面。这两个方面是难以一蹴而就的。

在人心相通方面，我们将进入共享价值的讨论中。为了有效地理解它，可以从一个形象化、充满张力关系的故事切入并进行阐述。

一　求同存异还是求异存同

某次会议上，国内各民族大学的公共管理学院走到了一起，共同讨论"民族社区该怎样治理"的问题。这的确是一个值得关注的话题。一方面，城市社区治理本身就有难度，关于人们该怎样动员起来、参与进来、承担责任，并不是容易实现的事情；而如果是民族社区，又涉及民族之间的关系问题，民族融合问题进一步叠加在参与治理的难题之上，加大了治理的难度。

　　会议中一种颇具特色的观点是：可以从公益慈善入手，将其作为突破口来解决社区的治理问题。其中讲到了这样一个故事：一群大学生志愿者（汉族）到某社区（主要是回族和汉族居住）去开展志愿服务，他们的帮助对象有一些是类似于开拉面馆的回民小店店主，其生意还算兴隆，但在大人全天忙碌于工作时，他们的孩子却无人照管。这些大学生志愿者就承担起了照管孩子的任务，他们将孩子组织起来完成作业和开展活动。这样一方面可以把这段时间利用起来，另一方面则又避免孩子在马路边跑边闹而引发危险。志愿者们从照管社区孩子入手逐渐接触和引入家长的参与，在汉族和回族同胞之间建构起了温暖人心的沟通桥梁。

　　以此为起点，社区治理的链条可以继续展开，大家一同讨论他们所共同面临的问题。有时候以相互沟通议事为主，有时候则以一起参与行动、共同担负责任为主。于是，那些棘手的社区治理难题就有了最初的起点。

　　这是来自公益领域学者的一个观点，该观点却引出了两种截然不同的反馈。支持者的观点是："这一思路很有启发性，看来不同学科专家学者的交流还是很有必要的。我们的确该沿着求同存异的路径由小到大、由浅到深把合作治理的模式奠基起来。"而反对的学者则认为，这样一种求同存异的思路是不可取的，它在整体定位上就出现错误。其观点是："我们需要在根本点上先明确地一致化，然后再由上而下落实到具体行动中。如果在根本处的见解不一致，那么底部的一致又有什么用呢？"他的这种观点可以简称为"求异存同"，即要在顶部最根本的信仰处去发现大家之间是否存在差异。

这是一个真实的故事，它表明我们在思考民族社区该怎样治理的问题，也会在思路上迥然不同。但正是基于这样一种对比，我们才更容易清晰地引出本书所说的共享价值的概念。

二　共享价值的含义

1. 基本含义

在上述观点争议中，将其中"求同存异"的观念单独剖析。在这里，汉族和回族之间首先所求的"同"是每个人都需要的一份基础性的帮助，是遇到困难时的支持，是支持背后所包含的那样一份温暖，是人与人相处过程中的平等与相互接纳。有趣的是，这一系列的成分都与一个人是什么民族、什么信仰、什么宗教无关。换句话说，在所有信仰或价值体系①的核心部位都包含这样一种对人的关怀，所以我们称之为"共享"。

正是因为有了共享价值的存在，这个世界才显得美好起来。当我们突然面对一群陌生人时，当我们不知道他们的文化习俗、民族信仰时，我们仍然有可能与他们打成一片。我们所传递出来的成分恰好正是他们所需要的，而这又恰好是我们自己所需要的。

在企业社会责任的研究中也有共享价值的概念，它是指不同利益主体走到一起创造一种共赢的局面，于是共享价值

---

① 这里不包括极端主义等极端或一些特别小众的信仰体系。

的概念即代表一种共赢的格局。但这里使用共享价值与那里的含义不一样，且这里叫作共享价值更能贴切地反映出不同价值中可以作为公约数进行共享的意涵，符合我们内心的那一份意欲表达的心意。

　　进一步细化分析，共享价值或许还不只是一个单独的点状物，更是包含一个小小的系列。以下按照三个层级来划分它（见图 4-1），这样或许能更明晰地表达出它的内涵。

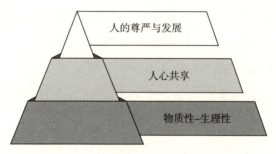

图 4-1　共享价值的三个层级

2. 三个具体层级

（1）第一层次：物质性 - 生理性的成分（生存困境中的人道主义与善良）

　　共享价值的第一层次是物质性 - 生理性的成分，即当对方在这方面有需求时，我们去予以满足。这不分任何文化背景，代表我们的善意，给对方东西没有任何其他的用意，就是直接要帮助对方。生存物资捐赠类项目主要满足了这个层面的需求，同时"不食嗟来之食"也几乎在所有文化中都能够体现。在"人道主义危机"发生时，这种成分更加凸显，"一方有难，八方支援"，即使是敌对国家之间也会为"人道主义救援"打开特殊的通道。

（2）第二层次：人心共享的成分

在物质性－生理性成分之上的更高层面的成分是人心共享。它位于善良之上，且超越善良，是发自内心的接纳，打破地域、民族、信仰等界限而使人心心相通。

人心共享可以在爱德基金会的项目团队人员身上看到，他们去非洲做公益时，当地社区居民招呼其在家吃饭，那里或许意味着一种脏乱差，或许还意味着一种被疾病传染的可能，但他们仍然坐下来与对方一起吃（后文案例有详细表述），这才叫人心共享。人心共享并不是靠自我标榜出来的，而是能够把对方的内心激发出来并温暖起来。

除了走出去这个场景，人心共享还发生在不同群体的互动场景中，其效果都很类似。

在某个艾滋病高发县，当地的民政局局长牵头建了一家支持艾滋病感染者的公益机构，为了能够让感染者与自己一心一意共同发展生计，他的行动原则是与这些同为男性的感染者"同吃、同住、同浴"。

从汉族到维吾尔族地区做助学公益的组织人员，他们每隔几个月给维吾尔族社区孩子当面发放奖学金，在发放过程中会与他们相拥，真正陪伴关心他们，哪怕是在敏感时期的敏感地区，他们仍然毫不动摇到维吾尔族人家里去走访。这便是共享价值，它可以深藏在或许紧张的政治关系之下，但却丝毫触碰不到政治民族宗教紧张关系这根弦。

或许我们过去看到的一组现象更能够让大家体味其中的微妙之处。有两个同去凉山彝族地区做儿童关怀的公益组织：第一家组织在给当地贫困孩子捐奖学金的时候，组织人员晚上和孩子在圆桌上吃饭时，在每一个受助学生跟前摆了两双筷子，一双是公筷，一双是私筷，告诉他们公筷、私筷各自是怎样使用的；而第二家组织的人员来到这里与受助学生坐在一起，然后用自己的汤勺伸进对方的碗里舀汤喝，并诙谐地说你的汤比我的汤好喝，实际上这是在拉近二者之间的距离。（当地并没有分餐的习惯）

（3）第三层次：人的尊严与发展的成分

共享价值的第三个层面涉及的是人的尊严与发展。或许我们到一个陌生地方，内心格外尊重对方，能从每个人身上都感受到一种人的尊严，并给他们平等和尊重，维护他们的尊严，甚至让他们发展起来。这或许也是共享价值的一种类型。

当我们到一个贫困地区，看到的是一群衣衫褴褛、面黄肌瘦的小孩，他们眼巴巴地看着我们车上的点心饼干时，我们不是直接递送给他们，更不是高高在上地施舍给他们，而是说来帮我们卸货，然后告诉他们，你们的帮助让我们很受益，点心饼干是给你们的回报。所以，即便是善意的传递，在过程中也可以维护对方的尊严，培养对方的尊严感，让对方有价值感。

如果对方是一群普通的成年人，则我们很愿意看到他们不是"等靠要"，而是获得支持成为当地社区的主人，所有人都是参与进来的主人。因此，他们能参与到当地的公共事务中，能共享决策的权利，他们如果有意见，有想法，鼓励和支持他们进行表达；认真聆听他们的心声；对落地的政策会以讲道理的方式告诉他们，让他们知情并理解而不是蛮横地强加。最后，当人们是一些个性鲜明有独立想法的人时，他们的个性与想法也会得到尊重。

3. 共享价值的四个典型特征

以上三个层级上的共享价值交融在一起，一共体现出了四个典型特征。

（1）超越各种障碍形成基本认同

这是共享价值的第一个特征。当我们进入另一个民族、信仰或文化场所，共享价值体系下就会与对方有超越这些文化障碍的基本认同。不管文化背景如何，当我们以这样的方式对待对方时，也会受到对方的接纳和欢迎。

（2）从下往上依次建构

这是共享价值的第二个特征。这样一种价值或许是从下往上依次建构的。第一层级是门槛最低的，因为物质性－生理性的需求不受制于文化因素的影响；第二层级则是人心与温暖的需求，因而一旦双方能相互沟通，就会碰撞出火花；第三层级虽然或许有一定的埋藏深度，但仍然很容易成为双方的共同语言。

与此不同，另一种价值沟通方式则是把自身的价值体系转移过去，告诉对方应该信仰什么、应该遵从什么。这种方式特别类似于将宗教教义直接传递甚至灌输给对方。所以，共享价值是指双方共同认可的与文化背景无关的公约性价值，同时它有一个从基础性的下部逐渐向上递增的过程，而不是自上而下地传递。

（3）把对方看作有价值的人

第三个特征是，当秉持这样一种共享价值观时，实际上是把对方看作有价值的个人，值得去爱的个体。因此价值的核心在对方身上，故而我们会说要平等接纳对方，要把对方识别为一个有尊严的人。与此相对立的一种价值则是认为助人方与众不同，毕竟有时候我们可能会抱着"救世主"情结去帮助他人。

（4）需要沿着对方的需求脉络

第四个特征体现在操作上：我们需要激活对方的需求，然后沿着对方的需求脉络展开公益项目，而不是从自己认为的对方需求点出发，或者说是从我们自己的想法出发。我们在很多公益项目中，看到的都是项目运作者自己的"理想主义"，借助于自身优势和资源"控制"（公益资源也会产生对方的"迎合"）并将其"灌输"到受益群体中。

4. 社会组织的非政治性

社会组织在国际上通常称 NGO 或 NPO，在跨国行动中通常也特别强调它们的非政治性、非宗教性。处于共享价值背景下可以很好解读出这样一种强调意味着什么——它意味着我们需要从基础的人心共享处入手，而不是从高端的大家信仰什么、信仰谁、教条与信念是什么入手。在那顶端信仰处，不同的人信仰可以完全不同，但这并不妨碍他们在基础层面实现人心共通。国际 NGO 正是从这里入手建构了便捷通道，快速跨越民族、宗教、国界的差异。

三　走出去时的共享价值路径

这里通过具体的案例来呈现，中国公益组织以及更广泛的社会力量在走出去的过程中，是如何展现出共享价值取向的。它们开展的项目有的较为简单，有的较为复杂，但基本在这三个层级都有所体现。

1. 爱德基金会的做法——真诚平等地发展伙伴

爱德基金会的做法在前文中已经提到一些，这里来看一些更具体的做法。

首先，将心比心，真诚沟通。当一个外人进入一个社区，必然要面临的问题就是"为什么来"，不管当地人是否直白地说出口，心中是一定会这么想。如果一个人不是真正地接纳对方，对方是能够清楚地感知到的。前面所说的一起吃东西看着是形式上的东西，而内核在于是否真正接纳对方，是否也被对方接纳。爱德基金会的工作人员会坦诚地和对方说，我们中国人有着"一方有难，八方支援"以及"乐善好施"的传统，你们文化里是不是也有这样的传统？我们会看到每种文化中都有一些这样的传统。爱德基金会看上去是在介绍我们的传统文化，但并不是为了表达我们有多善良，而是通过大家文化中共有的部分，建立起人心之间的共识，同时让对方也更加了解中国人。

其次，没有先入为主进入固定项目，而是开放式地根据对方的需要进行支持，即"不带议程地在对方的发展脉络上帮一把"。曾经，外方的政府官员在观察爱德基金会工作几年后，感慨地说："我发现你们和欧美的 NGO 不一样，你们好像没有议程。"这里的议程指外来 NGO 希望当地实现的目标和具体流程。爱德在工作中通过交流听取当地人的想法和意见，告诉大家一起讨论当地要发展应该做点什么，在当地人的诉求得到表达的时候，他们表示希望能做一点有价值的事情，和当地人一起开展设计和行动。简而言之，爱德做的事情就是在当地人发展脉络上提供良好经验、链接资源和支持行动。

最后，在平等合作中维护对方尊严并促进其发展。基金会将自身定位为资助人和合作伙伴，同项目在地合作组织是平等的伙伴，遇到问题共同协商，去想方案，而不是把对方当作项目执行机构，甚至好为人师，指指点点，责令其改正等，这样合作伙伴自身追求价值的部分就能够生长出来并自主成长。

2. 平澜基金会的做法——关注对方社区的人道危机和环境危机

平澜基金会走出去的项目看着零散分布，甚至有点杂乱无章，例如，在非洲做野生动物保护工作，在黎巴嫩提供难民服务，在柬埔寨做排雷工作，在泰国进行岩洞救援……但当我们深入了解这些项目后，会发现它们都是以共享价值为起点，结合当地的实际需要，去提供自身能做的人道主义救援和环境危机服务，虽然这些服务在形式上与国内常见的有所不同。

具体来说，这些项目都是平澜基金会和当地民众共同关注的"物质性－生理性"价值，项目起因很多都非常简单、朴素。既然看到对方需求十分迫切，本身是做好事，己方有能力，如果不做，对方会有危机，那么就克服万难去做。

3. 扶贫基金会的做法——物资捐赠中的平等与尊重

扶贫基金会在海外的项目以捐赠物资和一对一捐助的项目为主，在开展这些项目的过程中挖掘受益人的深层次需求，寻找契机，不断深化。而即使是起点处的这些简单款物捐赠，也体现出了共享价值的内涵。首先，捐赠物资以粮食和书包这类人人都需要的物资为主，使受助人感受到来自遥远国度素不相识的捐赠人（很多是淘宝公益宝贝中的商家等）对自己的关心和鼓励，使他们感受到社会的温暖，这种作用远远超过了爱心包裹本身的价值。其次，虽然是一个简单的包裹，外观设计和内部产品却不是随意确定的，而是通过与受益国相关人士的磋商，多轮讨论后共同选择的。如发往缅甸的爱心包裹的外观设计结合了中国和缅甸的代表元素，而在将哪些缅甸元素放入设计的环节，缅甸的相关方参与了积极的讨论和决策。爱心包裹（书包）里的各种物品上印有缅文，方便孩子们正确使用。最后，在发放物资的过程中避免"贫困"的标签，重在倡导梦想的方向，在学校内不设置筛选标准，全员发放，在发放物资的全流程中维护学校和孩子的尊严感，营造出节日喜庆的氛围。

4. 云迪健康与行为中心的做法——救助过程中传递关怀

云南云迪健康与行为中心为接受我国援助的"贫困先心病患儿免费手术治疗"项目受助者提供儿童术后社工服务。传统的医疗救助只关心病有没有治好，但家长和孩子到异国他乡进行有一定风险的手术，心中还是充满忐忑，既有对未来的不确定，也有对环境的不适应，以及对手术治疗的恐慌不安等。而且术后孩子回国后恢复情况如何，是不是能有足够的营养，是不是有好的照料等，以往的项目也鲜少关心。而云迪的项目就是关注这些儿童及家庭就医过程中切实需要而往往被忽略的人文服务。这些社工服务使得被救助者有着非常好的救助体验，这些服务受到了各国人民的认可。项目最初在缅甸和柬埔寨开展时，就吸引了很多的草根社会组织、医生与护士志愿者和在华大学生志愿者积极参与。现在孟加拉国、老挝、尼泊尔的社会组织、医疗机构也参与了进来。大家一起讨论，分享救助儿童方面好的经验和做法，共同探索自身能为救助先心病患儿做哪些事情，在一切为了孩子的目标下真正实现了"心连心"的跨境合作。

5. 邢陌——公益是跨越国界和利益的价值认可

缅甸北部的果敢与云南省镇康县接壤，那里曾因贩毒、枪杀和地方武装斗争等而闻名，交通条件不好的地区贫困和医疗等问题十分突出。2009年"八八事件"① 后，数万果敢难民逃往临近的镇康县，我国组织政府和民间力量在镇康开展了人道主义救援工作，邢陌②在那时也参与了，许多缅甸的医生和志愿者也在当地开展人道主义救援工作，这样，共同应对人道主义危机就构成了他们之间心与心的纽带，他们开始互相欣赏。

后来果敢当地成立了很多的慈善组织，希望发挥民间慈善组织的作用，改善当地的民生问题，帮助当地发展。2012年开始，邢陌被当地邀请去给社会组织做培训，这些培训有的是云南省青基会支持的，有的是无国界医生组织支持的，而大家的想法都是一致的，促进当地发展和人民生活水平的提高。

① 指2009年8月8日发生的缅甸政府军与果敢地方武装发生的武装冲突。
② 原云南省发展学院（已注销）副院长、自由公益人。

社会组织发展避不开的一个问题是资金问题，邢陌在果敢调研的过程中，还发现当地的个人和企业捐赠的热情不减，很多项目可以通过当地筹款来获得支持。他支持一家有家族背景的基金会组织了一次筹款活动，收到了良好的效果。其他几个家族听说后也要请他去给自己的基金会做顾问，组织筹款活动。一个人在几家组织做顾问或许听起来没什么新奇的，但在缅甸果敢，几大家族互相之间有着微妙而复杂的关系，但是在做公益这件好事上，它们与邢陌之间在共享价值的基础上建立了信任。

6. 分享一本书

葛瑞格·摩顿森和大卫·奥利佛·瑞林出版了一本基于葛瑞格的真实经历的书——《三杯茶》，讲述了一个美国护士兼登山爱好者因为在巴基斯坦被救而回去建学校的故事。[①] 一个纯粹基督教背景下的人到一个深度的伊斯兰文化背景下的国度去帮助别人建学校，所去的地方不仅是伊斯兰文化浓厚的根据地，而且还极度贫困且充满恐怖主义的风险，当地人随时会把外来者当作敌人来看待，更何况是一个来自基督教背景下的美国人。但正是这样一种强烈的反差，更能反映出他们二者之间使用共享价值通道所可以发挥出来的巨大潜能。从双方关系演变的轨迹中便可以看出这一点，先是敌视、寸步难行，甚至连自己的生命都难以得到保障，但是渐渐地，相关工作可以扎根下来并开展起来了。再往后，他与当地居

---

① 〔美〕葛瑞格·摩顿森、大卫·奥利佛·瑞林：《三杯茶》，黄玉华译，吉林文史出版社，2009。

民形成了一种深厚的友谊，到了后来，整个项目的运作都不会触及双方的信仰，更不会涉及一种文化信仰要将自己的基因在另外一个地区落地生根的倾向，他们之间的内在通道所流通的只是共享价值的成分，包括物质性的递送、遵循当地的文化信仰、促使对方沿着自己的轨道成长等。

虽然书籍中的一些描述是对事实的再加工，项目的专业性和可持续性也广受质疑，但"三杯茶"的精神内核仍然极富启发性。我们在这部分讨论起点处和人心相通的问题，专业性的问题将放在下一章讨论。

四　共享价值的进一步深度分析

1. "三教同堂"现象

我们发现在一些公益组织有一种有趣的现象，即在同一家公益组织内部，同一个项目团队可以存在有各种信仰的人，有的信基督教，有的信佛教，有的信伊斯兰教等。人们各自遵循不同的信仰体系，他们共同开展公益行动，在团队中可以相安无事。在组织中，无须讨论各自的信仰是什么，大家之间也不会触及对方的禁忌，相反，他们中每一个人都表示在团队中因为有了对方，团队才更加美好，这和基于同一种信仰体系行动的公益组织全然不同（如宗教慈善组织）。这样一种团队是充满活力和凝聚力的，其原因就在于一旦从事公益事业，每一个有不同信仰的人都充满激情和活力，于是各种行动一拍即合。

这种不同宗教信仰者和谐友好地相处于同一个团队里的

现象被形象地称为"三教同堂"。那么他们在各自都有自己坚定信仰的前提下，为什么又可以相安无事地在团队中共同去参加助人行动呢？其答案就在于共享价值这一概念上，即这些宗教内核中都有一种共同的成分，这就是对人的爱，对人的关怀，对人的尊重，以至于各种宗教背后更高端的教义成分以及他们各自最高信仰力量是什么则可以暂且搁置在一边。这就是共享价值下的一种"和而不同"，这里信仰的"异"并不会影响共享价值下"同"的价值力量开展行动。

2. 共享价值扩展了大家价值共享的范围

由此又让人联想起了大约十年前的一段故事：我们在玉树地震救灾过程中认识了一家社会组织的人员，惊叹于他们在 20 世纪 90 年代就开始在当地社区做参与式发展的行动，他们当时主要接受一些国际 NGO 的援助，在当地帮助乡村脱贫发展。当地是藏传佛教文化浸润的地带，当时的机构负责人是当地一位颇负盛名的活佛的弟子，在这样一种背景下，他们能够接受一种在基督教文化背景下所产生出来的参与式发展的理念吗？在将该问题抛给机构负责人的时候，他的回答令人吃惊，其大致含义是：佛教也是在追求为民造福，希望人们能够在物质上更为富足，在人格上也能获得自身的成长。而参与式发展的理念恰好也正是佛教思想的根本，也就是让人们的物质生活水平得到提高，以及让居民能够参与到决策层中来推动社会发展。而在他们机构，也有来自法国等地的全职志愿者，一待就是三年多。而参与式发展的理念在这里是佛教和基督教两大文化中共同包含的价值内涵。

在过去相对贫困的时代，我们在很多情况下借助于信仰的力量来驱散自己内心的无助，而在当下，当人们发现有让自己脱贫且发展起来的路径时，为什么不去勇敢追求呢？江源的故事说明当我们沿着人心从下往上走，实际上是可以向上切入很高的高度的，包括大家以参与合作的方式来追求他们的经济社会共同发展的目标。而在这样一个颇具高度的领域已经显示出了共享价值的"去文化性""去宗教性"，它实际上就是我们所有人共同期盼的。

当然要实现在更高层面上的价值共享，例如使用所有人都可以共享的参与式发展的理念，就需要借助于专业化的手法而不能单纯依据价值理念方面的共享，这时对专业性的需求就凸显出来了，这一话题将在下一章讨论。

3. 共享价值延伸出来的走出去行动原则

在共享价值的基础之上，衍生出来的第一个行动原则是：在对外行动中，是以一种建设性的视角进行，而不是以对抗作为基础。即使对于不同党派、不同民族、不同政治立场的国家，也是以一种建设性的视角进入，而不是先入为主地进行排斥或者对抗。

衍生出来的第二个行动原则是：共赢的战略，也就是你在去帮助别人的过程中，不是只看帮助的行动，而是要和别人保持长远共赢的原则。

这样的体系下，社会组织进入国际项目合作中时，是需要融入其行动体系内核之中的，其挑战在于，要超越政党、宗教、民族和国家等内容进入合作体系，然而习得文化习惯并不是一蹴而就的。

五　对上负责与共享价值的对立

上层建筑是指建立在一定经济基础上的社会意识形态以及与之相适应的政治法律制度和设施等的总和，因此，有不同历史和经济基础的国家和民族之间可能存在很大的差异，而对上负责的工作方法就容易因为无法达成共享价值而导致项目失败。

1. 不看付出看级别

政府活动往往具有一定的政治性，政府之间的交流和外事活动虽然也遵循平等互利的原则，但这个平等是国家间的平等，不同职级的官员之间却有着严格的礼宾差距。外交官和政府工作人员代表的不是个人，而是国家，如果一个官员没有享受到相对等的待遇，这不仅会被看作对个人的怠慢，还会影响国家之间的关系。

当政府直接参与援助工作时，往往采用找对等部门这一最直接的方法，而国外政府部门或许并没有像我国政府这样拥有强大的社会动员能力，有时候我们还是要去找有能力的社会组织去实施。这时，政府和社会组织之间不同的话语体系和不同的价值导向又容易产生很多问题。

2. 不看效果看领导

有一些向上负责的组织在开展海外公益项目时，尤其注重哪位领导出席了活动，职级越高证明项目效果越好。有时候说项目取得成效往往说的是宣传报道效果好，有领导出席，也有大版面的报道。但这些都说明不了项目的社会效果和影响到底怎样。一方面，国外的领导很乐意参加民间的公益活动；另一方面，国外的很多新闻报纸是付费就可以报道的。

如果项目的确做得好，领导出席和媒体宣传的确能扩大影响力，但如果项目本身并未获得民间的认可，也可能引起很大的民意反弹。

3. 不看感情谈金钱

这种情况往往发生在企业身上。我们去缅甸调研时发现，有的社会组织只花了很少的项目经费，就将社区自己的主动性调动起来了，大家一起做事情，在社区开展服务就收到了很好的效果。有一个社区女性经过自我的讨论想要开展手工项目，经过计算，他们只向社会组织要了200元人民币做启动经费，自己就发展起来了。而有家企业听说别的社会组织做得很好，不屑一顾地说：我们一个村子花了50万美元，也没看到有什么效果。这种情况在国内也有。有的企业想用很多钱去收买人心，想要快速地改变村民的意见。这类企业一开始就是从利益对立的视角去建立关系，而不是从共享价值切入。

第五章
共享价值的历史变革

在这章，我们进一步进入共享价值的深度领域，从共享价值的历史变革看价值在现代化的发展进程中如何演化发展，共享价值和专业性又是一种怎样的关系。

一　交往关系的三种类型

两个不同民族或信仰的人走到一起，为什么偏要基于利他性的共享价值建立关系呢？这看起来体现了更高程度的美德，但基于美德的理由未必能够说服人，尤其是未必能够说服那些抱着功利目的行动的人。我们还可以说："这就是我的选择，没有原因，它只是体现了我的意愿！"这当然也可以，而且现代社会已经给了我们做出这种"任性行为"的社会基础。在此之外，其实还有基于理性的系统化分析，从中更能看出做出共享价值这种抉择的必然性。

当两个不同民族或信仰体系的群体走到一起，理论上能勾勒出共赢点，但现实中则不然，或许会完全走不到共赢点处，甚至两方持有不同价值体系碰面时，引发的却是类似于宗教战争这样的结果。在其中，每一方都认为自己是正确的，而且无比坚信，并有充分的理由。那么为什么会造成这种零和博弈的结果呢？答案其实很明确，那就是在交往的双方中，每一方都认为他们所坚守的价值是唯一正确的。由于根源于信仰体系，于是这里的"教义"包含着权威、道德、真理、正确规则的发源。信仰最大的特点就是正确的唯一性，如果与此违背，那便意味着错误；若双方都坚守自己的唯一性，他们相遇时就不免有一番较量，于是双方之间的关系便成为一种非此即彼的对错关系。这是双方关系的第一种情形。

与价值信仰关系不同，第二种关系类型是利益关系。利益关系的典型表达是"只有永恒的利益，没有永恒的朋友"，这种关系模式听起来令人失望，但也未必一定意味着问题。与价值唯一性所演绎出来的对抗甚至战争关系相比，这种利益关系已经缓和很多，至少双方可以理性地思考是否存在共赢的结果。利益关系最典型的作用方式是博弈，博弈的结果可以是双方的共赢，但也可能是双方的共输。

第三种关系则是求同存异式关系，即追求共享价值的最大化。其中某一方或两方的出发点是利他行为，这与价值唯一性完全不同，价值唯一性是将双方友好的条件放置到价值统一的苛刻前提下。当然，这更是与利益关系不同。

有趣的是，对共享价值的追求很容易就实现共赢的结果，并且比利益关系模式下的最大共赢点还要多释放出一份潜力。实际上，企业走出国门，在国际范围内进行经营运作时，正是共享价值的追求让一家企业在另一个国度可以获得更成功的经营运作。

综上所述，可以把两个国家、两个民族之间的交往关系简单地归结为三种类型：第一，具有唯一性的价值信仰关系；第二，物质利益关系；第三，求同存异式的共享价值关系（见图 5 - 1）。

价值信仰关系	物质利益关系	共享价值关系
·唯一正确性 ·非此即彼	·物质性 ·不论异同	·无限包容性 ·求同存异

图 5 - 1　三种类型的交往关系

二　关系模式的历史变革

1. 从宗教战争走向人权观念

我们先看一下有关欧洲中世纪宗教战争的故事："16 世纪的宗教改革运动打破了罗马天主教一统天下的局面，新教与天主教的严重对立导致了一系列内战与国际冲突。在法国，天主教徒与信奉加尔文教的新教教徒之间的矛盾引发了长达近 40 年（1562 ~ 1598 年）的宗教内战。在神圣罗马帝国，新教邦国与天主教邦国之间的斗争使得德意志变得更加四分五裂。宗教信仰的冲突不仅导致各国内部的动荡，也成为国际战争的重要根源。对天主教事业的狂热使西班牙的菲利浦二世陷于同时与法国、英国和荷兰作战的险恶处境。西班牙与法兰西的战争持续到 1598 年，与英国的战争持续到 1604 年，与丹麦一直作战到 1609 年（1621 年再度开战）。可以说，宗教冲突使欧洲付出了惨重的代价。"①

对于每一个宗教信仰体系来说，它们都把自己的信仰作为最高理念，这对特定地域里的民族的确有积极作用，但一旦突破这一边界，进入相互交往时，则没有任何相互妥协产生共融的潜力空间。价值严格局限在一个特定的宗教信仰单元内，而无法拓展到两个单元之间实现共享。

但随着三十年战争的停止和宗教战争宣告结束，在欧洲国际关系中，"宗教宽容态度主要体现在对不同国家内部宗教少数群体命运的关注上，并且逐渐确立了这样一种惯例，即领土的割让伴随有保护部分地方人口免于宗教歧视的条款"②。

1948 年 12 月 10 日，联合国大会通过了《世界人权宣言》。宣言规定："人人有资格享受本宣言所载的一切权利和自由，不分种族、肤色、性别、语言、宗教、政治或其他见解、国籍或社会出身、财产、出生或其他身份等任何区别。""人人有思想、良心和宗教自由的权利；此项权利包括改变他的宗教或信仰的自由，以及单独或集体、公开或秘密地教义、实践、礼拜和戒律表示他的宗教或信仰的自由。"③

从这一过程来看，一旦要在不同信仰、不同民族间寻求共享性的成分，那么它便与《世界人权宣言》中人权的含义有一定重合。当然，不同文化对人权含义的理解会有差异，

---

①　茹莹：《从宗教宽容到人权保护——国际法中关于少数群体保护规定的演变》，《世界经济与政治》2006 年第 3 期，第 26～27 页。

②　茹莹：《从宗教宽容到人权保护——国际法中关于少数群体保护规定的演变》，《世界经济与政治》2006 年第 3 期，第 26～27 页。

③　北京大学法学院人权研究中心编《国际人权文件选编》，北京大学出版社，2002。

尤其是东西方文化之间存在差异，所以还只能说人权与共享价值有共通之处，但二者并非完全一致。本书关注的要点在于，要让人们看到世界发展的趋势是如何由一种唯一正确性的价值体系逐渐走向大家共同认可的共享价值体系的。

2. 市场经济体系的出现

从宗教占据绝对主导地位的体系，进入商业性色彩占据主导的市场经济体系，是世界发展的又一大趋势。市场经济将人们之间的物质利益性关系、交换关系凸显出来，这与信仰体系绝对主导下的情形完全不同。

在宗教文化主导的社会中，市场性成分如何出现的确是一件令人好奇的事情。其中马克斯·韦伯在《新教伦理与资本主义精神》一书中提出来的学说颇有影响力，且已得到广泛认同。从中可以看出，即便是这种商业性的利益关系，它的根源仍然在于宗教文化，只是这样一种文化已经由个人通过教会面对上帝进入个人可以单独面对上帝的阶段，也即进入基督新教的时代。

市场经济一旦产生，接下来的发展规律便有了自身内在的趋势，且并不完全受制于宗教主导。因此在后来席卷全球的过程中，它也开始遵循自己内部的规律，这并非在其起点处便能预测得到的。东方社会在儒家文化的主导下，商业性成分一直势头微弱，只是在面对西方要用武力打开中国国门的情况下，才开始学习西方。尤其是我国1978年开始的改革开放，让我们认识到市场经济只是一种手段，它可以让国民财富增加，而未必一定意味着某种意识形态上的"大逆不道"。

市场经济的全球化让国际交流多出了一个主导性维度，

即利益关系，而正是这种利益关系又萌生出了共享价值生长的内在趋势。所以当一家企业从自己国度走出国门进入国际时，便开始格外注重从单纯的物质利益追求进入对企业社会责任的关注，甚至直至走向追求远大社会目标并变成社会企业。在其一系列的发展过程中，都沿循从经济目标向共享价值目标的过渡趋向，直至共享价值在这里起到关键性的引领作用以及价值反哺作用：企业更加注重社会责任和社会目标，促使它的经营运作环境更加良好，也更有助于其经济收益的增长。

3. 人的独立

（1）基本趋势

"人的独立"指人作为一个主体逐渐从神的体系或专制体系中独立出来。需要注意的是，人的独立与爱国、与公共精神完全不矛盾，甚至是一致的。个体在越来越有独立人格的情况下，可以展现出一种新型的公共素养、国家与社会责任感和道德情怀。人独立出来的运动在西方社会表现为启蒙运动、理性精神、科学与技术的发展等方面。简单地理解，则是人通过自我觉醒掌握理性的手法、科学的技术、进步的文化，从而让人有更强的能力来独自掌控外部世界，获得人的独立思考与判断，以及人格上的完整。这与人在能力相对弱小和见识相对缺乏时必须依靠外在的信仰来把控自我、把控外部世界的情形形成了鲜明的对照。而在中国文化体系中，20世纪早期五四运动前后追求科学与民主的潮流，也能突出地表现出对于人性独立的追求。

正是人的独立让共享价值拥有了充分的社会基础。

（2）社会价值体系的三阶段：传统、现代、后现代

人的独立可以表现为社会价值体系的三个阶段，即传统价值走向现代价值，再一定程度地进入后现代价值。

其中传统价值的典型特点就是对唯一正确性价值体系的信仰。基于一些研究，我们可以把信仰体系称作传统价值，它是传统社会所特有的价值，既包含一些典型的宗教价值，也包含另外一些非宗教国家中所信仰的、在世俗世界中的信仰体系。

现代性则典型地表现在理性、科学、技术层面，即人类对世界的把控能力在增强。与此同时，理性世界也经历了很多混淆不清甚至纠结挣扎的状态，但不可否认的是，科学在这些挣扎曲折中发展。正如马克斯·韦伯所看到的那样：我们试图通过理性来更有力地掌控外部世界，但是我们最终又使自己跌入理性的牢笼之中。例如，基于理性的科层体制将人性重新编织进去从而又失去了人格的独立空间；再如，市场经济将我们从宗教信仰中解放出来，但它又将人卷入利益的旋涡之中而难以自拔。但现代社会中的这种迷失还或许只是一个阶段性的特征，至少在本书所呈现出来的从共享价值到专业性发展的体系建构中，或许能够找到救赎之路。

后现代价值体系强调价值的多元性，没有绝对的权威和绝对的对错，但与此同时，它也将共享价值格外鲜明地凸显出来，只是在这里人们之间所共享的成分或价值的最大公约数变得越来越小。后现代社会在一定程度上走入了一种更加迷失的路途中，其解救之法或许还需要依靠在下一章中所谈及的专业性体系的建构。

（3）社会中心向底部下沉

人的独立又表现为在全球范围内，基层社会逐步凸显出

来，成为重心。过去，企业或公益组织走出去要重点关注对方政府的态度；但当下，更重要的是与公众相通，尤其是与他们的内心相通。也正是这样一种转变让我们开始由对上负责转化为对下负责。正如本书前文分析框架中所讨论的，两种不同的负责方式所产生的效果可能完全不同。其中，对下负责才能让共享价值和专业性体系凸显出来，让公益项目做得更务实、更符合人心，更能满足当地民众的需求。

（4）从身份制社会走出来

从传统价值向共享价值的转变，还可以表现为传统的身份制、等级制逐渐淡化，人与人之间的平等与接纳开始占据主导地位。身份制社会是与传统价值相并列的，传统价值体系不管是在宗教体系内还是在国家体系中，都依照权利、社会地位、经济地位等将人们分成高低不同的身份，这些身份有时候是相当固定的甚至是世袭的，有时候也是可以变化的。在任何情况下，身份制都是一个典型特点。有趣的是，身份制可以由国家之内而延伸出去变成民族国家之间也从身份制的视角来考虑问题。从传统价值走向市场经济下的利益关系，这样一种身份制仍然可以持久地保存着，并且划分身份依据增加了经济维度；而只有走到了共享价值时代，所有人本身所共有的共享价值开始浮出水面，身份制才开始逐渐退居次要地位。

三　共享价值的内在增长趋势

1. 共享价值的占比快速增加

从古至今，不同民族、不同国家之间的关系一直都是信仰价值型关系、物质利益型关系与共享价值型关系三者并存的。在这种并存式格局下，一种内在发展趋势就是共享价值型关系的占比逐渐增加。或者说，我们越来越有资格自主地选择共享价值。

共享价值占比的增加的背后有一种内在动力，在任何一个民族、国家或宗教信仰体系中，一直都存在基层民众人格逐渐独立的趋势，而正是民众的逐渐独立自主以及社会重心的逐渐下移最终成为共享价值占比增长的内在动因。

首先，在公众以个人的身份相互交往时，他们之间最佳的共通语言是共享价值，最差的交往语言则是他们背后的宗教信仰。在单一的公益组织内，几种不同的宗教信仰者也可以目标一致，大家齐心协力行动起来实现组织价值；而对他们宗教信仰身份的不同，则可以置若罔闻。在不同民族与国家之间，情况与此类似：一旦社会化的共享价值交往产生出来，相对于原来唯一正确的信仰价值关系将发生一种质变，此后，共享价值将显示出强大的生命力和无限的潜力释放空间。

市场经济是另一股重要的力量。一开始，它的出现并非直接促进共享价值关系发育，但它开始让根深蒂固的传统信仰价值关系肢解，将利益关系嵌入其中。一旦这种利益关系进入国际交往中，它便沿着自身的脉络演化，而演化的趋势便是共享价值型关系逐渐融入物质利益型关系之中，成为在物质利益型关系中内在发育的一股潜在力量。其具体表现为：企业从单纯追求物质利益到开始加入企业社会责任成分，再到开始做纯粹的社会公益，到将社会责任与经济目标融合起来，朝社会企业的性质转化。

2. 共享价值的具体成分从基础向高端演进

这里使用的是公益项目五层级架构①，其中第一层级是做基础慈善，而到了第三层级、第四层级则分别进入以人心交往、平等接纳的核心领域，尤其是第四层级进入了公共参与的核心领域，其中第三层级又以当下在社会服务中流行的社工理论为标志，而第四层级则是在参与式发展这样的国际公益通用范式中最为典型。

第一层级显然是共享价值的有效切入口，但如果仅仅停留在这里，则不免对人的价值把握得较为浅显。而实现了自身人性解放的群体会看到更高层级的人性价值，会将尊严感、参与与增能的目标追求、民主与科学的精神全部纳入自己的目标体系之内，其中所蕴含着的价值潜力远非物质性帮助本身所可比拟的。因此，通过共享价值进行交往在另一个侧面也检验了自己是谁，当然我们也可以在其中不断完善自己，以及在帮助别人的过程中实现双方的共同成长。在这一方面，我们的发展根基浅、底子相对薄弱并不是问题，但如果自身薄弱却又不追求提升、故步自封，则会暴露出问题来。

3. 对专业性的呼唤

共享价值发展到一定程度就内在衍生出对于专业性的需

---

① 陶传进、朱照南、刘程程等：《公益项目模式：理论框架及其应用》，社会科学文献出版社，2020，第1版。本书将在下一章将对这五个层级做进一步分析。这里公益项目的五个层级也一定程度上代表着公共服务的五个层级。

求来。尤其是在第三和第四层级上，在没有专业性保障的情况下，公益项目中的公共服务提供就会沦为空谈。

随着服务层级由下往上递增，专业性难度系数在逐渐增加，因此在第一层级还可以仅仅因为拥有更充足的资源来保障效果，但只要离开第一层级往上走，没有专业性的情况便会"露馅"，进而频频出现项目无法切实落地的状况，甚至出现一些形式主义现象或者其他"吃力不讨好"的负面效果。实际上，不管是当下我国的社会组织走出去，还是在二三十年前一些国外的公益组织走进来，它们都需要以专业性为依托。当理念超前、资源丰厚但却缺少专业能力支撑时，事情的最终结果完全可以是"失败"二字。

专业性不仅能够保障共享价值的有效实现，还能引导我们进入对社会科学领域的科学与技术的探索中，最终在这里可以建构起研究社会领域所特有的"工科体系"（实操解决实际问题的知识技术体系）。而到了这时，我们甚至在这个工科体系的基础上进一步建构起了新的"共享价值－专业性"体系，后者是一种新的解决社会问题、支撑生命价值的社会文化体系，从而从之前"传统价值－共享价值"的演化体系中又形成一个新的飞越，并借助于专业性将共享价值落地。

简单地说，专业性会逐渐取代过去宗教信仰的位置，并且这样一种取代是不可逆的。以下通过对专业性的具体分析来展现这一点。

四　从共享价值到专业性

1. 专业性：社会稳定的保障作用

从传统信仰价值关系到物质利益关系再走向共享价值关系，并不一定意味着社会的进步，另一种可能是，它会带来社会的风险。传统信仰价值中包含一整套的维系社会稳定的逻辑，哪怕通过纯粹道德或教义的形式加以严苛约束，但最终都能帮助维系社会稳定。随着传统信仰价值的淡化，物质利益关系逐渐浓厚，甚至随着共享价值关系比例的上升，社会的风险都在增加。其中关于社会现代性理论已有所论述，即随着从传统社会走向现代社会尤其是到后现代社会，社会中的风险也不断涌现。

从专业的视角来看，当社会走向物质利益关系及共享价值关系时，社会秩序和社会整合的目标可以由共享价值承担起来。但这个目标却未必一定能实现，另一种可能的结果是，我们所步入的不是民主社会而是"放任"社会。民主和放任在形式上很相似，但实质上截然不同。放任社会中充满着的是碎片化甚至相互冲突性的成分。

在放任之外，另外一种社会非整合状态则是社会的割裂。割裂是整个社会沿着特定的维度划分为两极，而不是无限多的碎片。例如，在政治上本来存在着左右两极，两极的恰当存在是社会健康的标志。但是割裂并不相同，割裂说的是位于两极的两种状态，其间的张力已经突破限度，致使其相互距离越来越远。位于两极的两种不同的社会模式，或许其中一种更加突出理想但却缺少专业能力的空洞信念，而另外一种更加突出庸俗的务实性。所以不管是放任还是社会割裂，根本原因就在于缺少兑现共享价值的专业能力，让共享价值停留在空中而无法落地，因此现代社会需要在共享价值之上叠加专业体系的建构。

2. 专业性保障共享价值的实现

在保障社会不至于碎片化或割裂化的前提下，我们才有资格讨论共享价值。这时，共享价值的实现就需要以专业性作为保障。其实即便是第一层级的基础慈善项目（如递送爱心物资）也对专业性提出了很高的要求（具体见下一章节论述）。简单地说，给别人递送款物未必能起到积极的效果，甚至可能产生一些负面作用包括"养懒"、不公正感、负面标签化、尊严感的破坏、身份的不平等等。而到了第三层级，则更需要类似社会工作这样的专业领域作为支撑。到了第四层级，则进入典型的公共管理学的研究范畴，涉及集体行动和公共参与等。

这就意味着公益组织要提供公共服务、获得共享价值，并不只是取决于资源上的优势，或者再加上理念上的人心向善，这里所面临的专业性方面的挑战甚至比企业家在其业务领域都要大，那些从企业转入公益领域的负责人对此或许感受颇深。而公益组织本质上是没有政府权力和企业资源的，却要进入公共领域解决各类发展难题，没有权力却需要能够影响人、给人赋能增能、改变社会结构等。

3. 专业性让人本身得以解放

共享价值与专业性影响当下社会的发展进步。共享价值产生的质变效果是，我们在世俗世界中的生命价值量在增加；而专业性产生的质变效果则更胜一筹，它使得我们人本身得以解放。

回到现代性的概念上来。现代性的核心内涵包含理性与科学的精神，它们取代的是传统的信仰体系。我们每个个体因为掌握了科学、拥有了技术、使用了理性思考方式，从而让自己对外部世界的掌控力在质变式地提升，我们开始依靠自己的力量而不是神或主的力量来主导自己。

但在讨论现代性的这一作用时，人们所说的科学技术主要局限于自然科学领域，于是现代性带来的是始料不及的"陷阱"。在过去，当忽略了社会科学领域时，自然科学的理性与技术的快速发展让人们更加固执地追求和开发物质利益，但同时出现了负面影响，即人类陷入了物欲主义、利己主义和工具主义。在某种意义上，人作为人本身已经被裹挟到了物欲横流的旋涡中，也被卷入了追求物质利益的市场经济体系中，这也意味着人实质上开始失去自我。而若将社会科学纳入其中，尤其是纳入本书所讨论的发展援助等领域内，专业性是为共享价值服务的，它们追求的是公益与利他主义精神，以及如何将此与真正而彻底的利己主义融通起来。

现代性带来的另一个陷阱是：在追求理性并通过理性追求效率时，出现了科层体系这样的组织形式，它在政府和企业管理中大行其道，目标分解、流程分解、条块分割、层级明确，在这种组织形式中，每一个人都被整合其中，成为组织整体追求效率的一个环节，这同样让我们失去了自己，并因此而出现了所谓的"现代性的牢笼"。但落到共享价值这里，不管是国内还是走出去的公益行动，所借助的都是公益组织这样的组织形式。公益组织同样是为实现特定目标而设计出来的，理论上它也应该有陷入理性牢笼的可能。但是实际情况是，这种组织有更大可能追求实质性的人性需求，即在组织管理中要让每一个公益行动者感受到平等、尊重，感受到自主运作和创新的空间，感受到自我价值的实现。于是，目标和手法可以互换，即可以把每个公益行动者的价值实现作为目标，公益项目作为手段，且只要操作得当、专业能力足够胜任，这样一种互换还能在效率上实现提升，达到比科层组织更好的效果和更高的效率（人开始为自我工作）。

4. 专业性对传统信仰价值的根本性置换

在传统信仰价值体系中，可以认为传统信仰价值是为了实现共享价值的目标而建立起的一个信仰体系。传统信仰价值中包含世俗世界所需要的规则体系，并通常以至高道德、至高品性的方式来表达自己；同时还包含在世俗行动中我们所需要的认同感、心理寄托等，它通常又是以一种至高人格的形式来表现的。最终，为了实现共享价值，这样一套信仰体系便必不可少，并且演化为行动的最高统领者和心理上的最高力量依托者。

但在现代社会，在"共享价值－专业性"体系这样的新型模式下，共享价值的保驾护航者由传统信仰价值转换为专业性体系。具体表现为：专业性可以让每个人拥有更强的解决问题的能力，从而对自己而非外界的依赖性更强。甚至在更高程度上，它还让我们可以通过社会科学的知识体系与逻辑能力来建构自身生命价值，并做出更科学合理的选择。

例如，前文提及的江源机构，就把根源于西方基督教文化并已经现代化到理性时代的发展模式，与机构发起人的佛教信仰深度关联起来，并认为从自己的信仰体系中，完全可以演绎出同样的社会发展模式。所以，即便基督教文化和佛教文化本身都不存在像参与、增能、社区发展这样的概念，但也能将这样一种乡村社区发展模式演化为两大文化的共同语言，并且使其开始逐渐独立于各自宗教本原体系之外，而形成自身发展的专业体系。其中所需要的就是民众的自我负责、参与协商，以及依据理性精神合作追求自身的经济发展的科学方法。其中，参与、发展、平等接纳是共享价值性成分，而要让其有效兑现则又需要相应的专业技术。

因此，当专业技术具备时，这一条新型的路径便有了最终的保障，信仰也越来越演化为一种文化性、人心温暖性的成分，而不必成为禁锢人们思考创新的约束性力量。

第六章
打造走出去的专业性

在这一章节，我们需要进入考验走出去社会组织的关键环节——专业性方面。如果说路径体系能够帮助社会组织顺利"抵达"项目现场，而共享价值则能让社会组织和当地民众人心相通。那么接下来的挑战就是：社会组织能否专业有效地回应当地的需求，在社会问题的解决上真正发力？我们将从公益项目的专业性开始展开，进入走出去的具体现实中。

一 公益项目的专业性

1. 公益是一门专业

公益实质上属于公共管理一级学科。非营利或公益慈善领域提及的"公益"与"公共利益"的概念并不完全一致。"公共利益"是一个相对广义的概念，但"公益"却是一个更为狭义的概念，主要适用于第三部门，是一种社会主体超出自身责任范围之外来进行公共服务提供的行为。公益包含狭义上的社会公益服务提供和公益服务递送过程中的管理。它并不是简单的资金递送。因而，同样的公益资金才会有花得正确与否之分，有些甚至产生了负面的效果。

援助需要一定的策略，其策略的核心是：在救灾中沿着救灾的最优救灾行动方向，在扶贫中进入最有效的扶贫轨道……总之，便是进入专业化的最佳轨道，组织运作得越专业、越高效，最终能起到越好的效果。

2. 公益需要参与动员能力与温暖服务能力

这其中的差别在哪？如何才能获得民众的认可而不是抱怨？这是社会组织需要解决的关键性问题。这背后便是公益运作的专业能力。类似于：30 万元 + 20 万元 ≥ 50 万元。其中，30 万元是组织在硬件和具体内容上的递送，20 万元是动员参与，外加软性的服务。当软性和硬性的内容相结合的时候，项目便能达到叠加超过 50 万元的社会效果，这也是国际美慈的案例中达到的理想情况。

具体而言，在公益项目的运作中，尤其需要参与动员的能力和温暖服务的能力。这两项能力基本成为外来机构进入当地社区，获得社区认可和支持的必备技能。

共享价值不仅仅是一种理念，其也是一种能力。同样是递送 100 万元爱心物资到匮乏地区，可能会有三种效果：第一种，高高在上地递送，对方以一种更低的姿态接受，虽然对方也会表示感激，但可能会损害对方的尊严感；第二种，平等尊重地递送，让对方感受到温暖和关爱；第三种，即在第二种的基础上，还能叠加激活和给对方增能（共享价值中的第三层次）的效果，让对方有力量在困境中成长发展起来。对于后两种，都需要一定的专业化操作。

当一个外来组织进入异国社区时，首先需要获得当地社会的信任，建立起友好的合作关系。这时候，便需要组织的温暖服务的能力，即在提供包括医疗、教育、助残等多种社会服务的过程中，让对方感受到平等、尊重和温暖，而不再是高高在上的"给予"，将捐赠方放置在一个更高的位置上。如果只是高高在上地给予，传递的就不是温暖、友好，而是一种同情和优越感。有时候，这甚至会造成严重的负面影响。

案例 1：K 组织的布拖孤儿救助行动

  K 组织是一家国际公益组织，在 10 年前，它在中国凉山彝族自治州的布拖县开展对当地孤儿的救助行动。K 组织组织了一群华人捐赠者到当地学校，开展爱心关爱行动。在学校开展的互动活动中，能够看到那些被救助的孤儿穿着崭新的衣服单独站在一起，比那些普通家庭孩子的衣服要干净和高档得多。学校举行捐赠仪式和相关活动，让这些孩子上台接受爱心物资，其他孩子和家长旁观，整个过程看似非常隆重，但无时无刻不在渲染这些受助孤儿的弱势。而那些虽然不是孤儿，但也十分贫困或者需要关注的学生却被完全排除在外。这种被人为制造出的对立加大了孩子之间的心理不平衡感，减少了温暖、友好与信任。

  除了传递信任和温暖的能力外，还需要参与动员的能力，即使在看似基础的硬件建设中，也十分需要。这一点我们在前文安置房和医院建设的案例中已经看到。在进行大规模硬件建设的同时，还需要叠加软性的成分，不应只是将硬件建设做成政府层面或者是仪式层面两国友好的标志，更要进入当地民众的心中，获得他们的认可。

案例2：两个国际组织的道路修建项目

A和B两个来自不同国家的国际组织同时对X地区开展扶贫援助项目。其中，A组织和当地相关政府部门沟通后，投入了大量的资金，给当地修建了一条宽阔的马路。但这条马路是政府的整体规划，并没有涉及每个小村庄的道路建设。而B组织则在了解当地村庄的需求之后，修建了数条连接村庄和A组织援建马路外的小路，并在每一条小路上立上B组织援建的纪念性牌子。虽然A组织也有在大路边上立一个大牌子，但是村民们最终看到的却是在每条小路上设立的B组织的牌子，同时也感激B组织将路修建到了每户村民的门口，解决了他们基本的出行问题。

这个项目表面看起来是B组织的"投机取巧"，但A组织在这个过程中，对当地的需求没有做进一步的深化回应，而让B组织有了"取巧"空间，最终花了大钱却没有取得类似于B组织取得的效果。在这个过程中，不可忽视的一点是，B组织在提供服务时将当地居民真正的社会需求作为导向，进行布局行动，并且在这个过程中，调动了当地民众的参与积极性，以获得他们的认可。

当下，这种叠加在资金、硬件建设或者直接物资援助之外的软性行动已经成为走出去社会组织竞争中的关键性内容。不仅仅在公益领域，甚至在企业领域，服务能力也成为比拼生存能力的最重要的环节之一。而公益领域比拼的是人，需要一套影响人和改变人的技术手段，而不仅仅是给钱、给物资，所以更需要明确这一点。

3. 公益专业性指的是什么？

专业性实际上指的是社会组织运用资源和技术去实现社会目标的一种综合能力。这个专业能力可以体现在其公益项目的整体模式设计和运作中。我们在《公益项目模式：理论框架及其应用》一书中系统化地阐述了如何形成这方面的专业性，这里并不详细展开，而是通过简单的一些场景让大家有个大致的了解。

在社会组织走出去的项目中，专业性体现在如何打造能切实解决当地实际问题的项目产品中，而不是一些花哨的动作、热闹的场面或者是媒体的报道中。它需要深入项目目标达成过程之中，会遇到各个环节的节点问题，需要针对节点问题而进行模式设计以及对应落地的专业技术。

例如，在递送物资的过程中就需要防止标签化，要解决公平性、依赖性的问题，还要让对方感受到尊重与温暖（这些都是物资递送中的关键节点问题）。如果一些环节没有处理好，可能会养成对方依赖的习惯；或者递送给一部分人，却引起了另一部分人的贪图或索要，在你无法满足对方的需求时可能又会产生怨愤等。这里面每一个节点问题，或许都需要有一些针对性的动作组合设计，来使得物资递送能够达到理想的效果。

案例：项目人员带着孩子们喜欢的彩笔、衣服等进入贫困学校，要将物资赠予孩子。这本来是一件令人欣喜的事情，但如果出现下述三个"动作"组合，接下来就会产生一系列令人意想不到的消极效果。三个"动作"分别是：

第一，对孩子进行有选择性的发放，而不是每一个孩子都能得到这份令人欣喜的礼物；

第二，选择孩子的标准是他们要比其他孩子更加"不幸"，如孤儿、留守儿童、残障儿童或单亲家庭的孩子等；

第三，发放之后又在全校范围内开展高调表彰或鼓励活动，希望提高孩子的自我能量感。

这是一种常见的物资递送场景，可能发生在境内外的许多地方，也是一件大家都很愿意做的事情。表面上看，这样的设计好像没什么问题，实际上，这里最大的问题是"标签化"。我们听到过最让人痛心的一句话，是其他没有礼物的孩子为了将其合理化（并没有恶意），在校园中宣传说"礼物是死了妈妈的孩子才有的"。还有一个社工，他回忆说十余年前去接受类似"礼物"的场景还十分深刻，他描述到当时站在台上觉得阳光照射在他身上特别难受，他回去就把书包藏起来，一次也没有背过，说明在递送过程之中实际上对他的尊严感产生了一定的伤害。这种标签化产生的尊严感伤害，在模式设计里需要力图避免。

例如，有些时候项目方对于普遍贫困的地区采取的策略是"进行整校发放"。其背后的初衷就是避免标签化。如果确实有必要进行特定发放，那么就不要将礼物和"负面标签"捆绑一起，例如可以通过设计一些游戏或者是活动（甚至可以是让这些孩子做一些公益行动）巧妙地进行发放。同时有些也不适合开展高调的表彰活动，即使后者能获得媒体曝光效果。

在具体的专业技术方面，公益项目涉及的专业技术也绝不是领域本身的技术那么简单，而是一个跨学科的综合体系。具体而言，涉及的专业技术我们在《公益项目模式：理论框架及其应用》一书中将其分为两个维度：一个是专项技术，另一个是公共服务技术（见图6-1）。

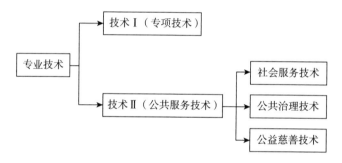

图6-1 公益项目的专业技术

专项技术指的是项目涉及的具体专业学科的相关技术，如医疗、教育、环保、助老等。这个专业技术是过去经常提到的需要相关领域内专业人士介入的技术。除了专项技术以外，还有进入公共领域开展服务所特有的公共服务技术，其实际上会影响到整个公益项目的落地实施。包括社会服务技术（类似于社工等通过人文关怀或者是一些其他技术开展社会服务，如对失独老人、流浪儿童和吸毒青少年的切入服务）、公共治理技术（在公共领域如何组织大家参与并进行利益协商，解决集体行动的难题）、公益慈善技术（共享价值中提及的让人温暖、被尊重以及被激活增能发展的服务）。

例如，在乡村学校阅读推广项目中，即使引入阅读领域的专家设计了一套非常科学合理的书目和阅读内容，并不一定会让乡村学校很好地去运作公益捐赠的图书角。为什么？这里面主要涉及公共服务技术，例如，如何去调动校长、老师还有学生的积极性，让大家愿意参与进来，如何让大家对图书有一种"珍惜感"而不是将其束之高阁，如何协调其中一些资源的调配等。

二 理念落地需要专业性支持

虽然我们在前文已经阐述了专业性的重要价值以及专业性和共享价值之间的关系，但在这里仍然需要一个专门章节去进一步阐述，仅有理念是无法达成公益目标的。这部分我们从具体的案例入手。

案例1：该如何解决"虐待儿童"行为

曾经有一家 INGO 来到中国开展儿童保护项目，支持某在地公益组织到学校开展反儿童虐待的行动。该项目初衷良好，但其运作过程中单纯地针对老师产生原始的行为干预，要求老师不能打骂、批评孩子等，大部分内容都是禁止性的要求，结果老师的许多行为被制止后，该如何对待孩子却没有明确。结果孩子由被管控状态变成了放任状态。他们的成绩下降了，也没有养成良好的学习习惯。该项目遭到学校和家长的共同反对。为什么会如此？老师与家长认为公益组织的出发点是好的，但需要找到替代"体罚"的方法。

　　其出路在哪？替换方式是将老师的管控成分转化为在尊重孩子发展规律基础上的一种回应、培育和引导，于是产生了不同于管控和放任的第三种状态——民主。该结果既能保障孩子的人格发展，又能提升孩子的成绩。如果没有相关的专业体系对教师进行培训和能力提升训练，仅有反对体罚的观念，将很难让项目在现实中落地，或者只是形式上的落地。

案例2：对流浪儿童实施自愿救助还是强制救助？

　　2003年孙志刚事件后，《城市流浪乞讨人员收容遣送办法》被废止，其中对流浪儿童由强制性救助变成自愿求助。这一制度尊重了流浪儿童的自主选择权，由此也导致街头流浪儿童大量增加。其原因在于大部分流浪儿童并不愿意被救助，即便救助站的环境设施和配套管理正趋于完善。不管是自愿救助还是强制救助，都是从儿童保护的视角出发的：自愿救助尊重流浪儿童的自主选择权，强制救助则是考虑到流浪儿童的生存发展权。两种观点争执不下，但或许这两种救助策略都不会收到良好效果。强制救助看似让孩子获得基本保障，但背离了他们的意愿，可能会造成孩子的多次逃跑。自愿救助看似是孩子的自主选择，但流落街头的状态并不利于他们的发展。

　　但在二者之外还有第三种策略：流浪儿童自愿选择接受社会帮助。这并不是一件容易的事情，其需要一整套的专业手法，其中包括在起点处如何尊重流浪儿童自身的意愿，如何和他们建构起一种内在的信任关系，如何让他们认同你、被你影响，如何逐渐引导他们由浅入深地进入学习的轨道……这些均需要专业性的支持。

第三种策略基于专业运作体系才能达到理想效果，而仅有善意或理念是不够的。尤其在跨文化的公益项目推进过程中，经常会遇到理念该怎样落地的问题。一旦理念无法落地，往往会停留在"口头"层面或"形式"层面，可能会让当地产生一种落差或者觉得是在"作秀"，而实质上这里缺少的是理念专业化的落地能力，专业性的地位可见一斑。

许多美好的理念本身是共享价值中的内容，而共享价值可以实现人心和人心之间的相通，也可能仅仅停留在一份美好的意愿上而无法相通，还可能人心相通后项目却功亏一篑。而专业性的建构便是其中的关键。

三　公益项目的五个层级

1. 公益项目的五个层级的背景

不同类型的公益项目需要不同的专业性，且其中还存在难度系数上的差异。在《公益项目模式：理论框架及其应用》[①] 一书中，公益项目被划分为五个层级（见图 6-2）。随着公益项目从第一层级向第五层级演化，专业技术含量逐渐增加，而项目在社会中发挥的影响作用也越来越大，对人们的帮助和对社会结构的改变也越来越纯粹。

---

① 陶传进、朱照南、刘程程等：《公益项目模式：理论框架及其应用》，社会科学文献出版社，2020，第1版。

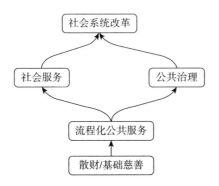

图 6 - 2　公益项目的五层级划分

第一层级是"散财/基础慈善"，主要是指资源或物品的递送。社会组织将物品和资源递送给有特定需要的人，公益组织的主要职能就是递送物资，而对它们的核心要求是确保物资安全、有效地递送到受助对象手中。当然，这是其中基础的层级，它通常起到开路先锋的作用，向对方传递友好信号。

第二层级是"流程化公共服务"，指当所递送的物资或达到一定规模或需要经过简单加工时，对于递送过程的效率也产生了更高的要求，这时流程化的项目管理会让整个项目运作更顺畅、精细和高效，如校舍或厨房的建设、特定疾病的医疗服务等可以流程化设计。公益组织负责整合各种专业人士，设计出标准有效的项目流程以更好地实现项目目标。许多走出去的公益项目往往集中在前两个层级。

第三层级是"社会服务"，指社会组织不再将公益资金、资源递送出去，而是留为己用，将其转化为特定的社会服务再递送出去。例如为残疾人、老人、儿童等各类有特定需求的人群提供专业化的、公益性的服务。公益组织通常在这些方面具备更加专业的技术，也可以更加高效地使用资源。

第四层级是"公共治理"，指社会组织将资金"据为己有"，然后转化为管理，运用于群体之中，以便协调群体的行为，达成某种有规则的、朝向特定目标的集体行动。显然，通过第三和第四层级两个层级的分类，服务与管理区分开来。

第五层级是"社会系统改革"，指在一个特定的社会系统内做综合性的解决社会问题的尝试，它完全可以包含第三和第四层级的内容，但一定会有超越。例如，做民间智库、政策倡导、社会第三部门发育的推动等，又如在一个特定地域内做教育政策的综合改革、社会治理的综合改革等。

这五个层级没有优劣之分，但难度系数不一样，该划分方式只是表明社会对不同层级公共服务类型的急需程度或该层次公共服务的稀缺程度，越往上技术难度越大，稀缺程度越高，产生的社会价值也越大。当然，这并不代表第一和第二层级就饱和了，相反，这两个层级远未饱和，且也需要一定的技术支撑。

随着层级逐渐递进，其项目行动所需的专业性在增强。单个公益项目通常不需要包含所有层级，但它也最好不是仅停留在第一层级，尤其是作为公益项目核心的第三或第四层级内容，最好至少嵌入一些组分在其中。另外，不管是哪一层级内容，无论高低，都需要有该层级上特有的专业性体现。因此，即便项目停留在第一层级，若将该层级的专业性做到位也是一个难得的好项目。所以考察一个国家社会组织发展的专业化程度可以有两个指标：第一个指标是后面三个层级项目的比例格局如何，后面三个层级所占比例越高，则代表其整体专业性程度越高；第二个指标是同一个层级上的专业性竞争、项目实际运作的专业程度如何，这部分需要进入具体的项目情境中考察。

其中共享价值和第三层级有异曲同工之处。第三层级的核心在于体现出人性化服务和为人递送温暖、递送尊严。在援助过程中修建学校、图书馆、医院这样的硬件设施之后，能否将硬件设施有效利用，是一个颇具考验性的问题。只有使援建的硬件设施建设更好地发挥作用，才能体现出除了提供资金之外我们还拥有人心、人文关怀精神，有相应地把社会服务运作起来的软性能力。这不仅能让受益人立体化、深层次化获益，还能显示出外来援助者本身是立体、全面和关注人本的个体。

2. 国内外公益项目在五层级分布上的可能差异

当下，国内公益项目处于发展初期，整体上可能还是较为注重感人、眼泪指数、基础慈善。但走出去进入其他国家和文化背景下，我们实施对外援助项目时则可能需要更注重人文关怀和参与发展，进入更有深度和长远性的社会干预项目体系中。

以救灾为例，国内捐赠人经常更注重于将资金用于紧急救援时期，而来自国际社会的捐款则更偏向于灾后重建时期。相比紧急救援，灾后重建延伸到震后的数年甚至十余年，重建也不仅包含房屋建造、恢复公共设施，更包含社会心理伤痕的缓慢消除、社区的重建、发展生计及其他在经济社会方面的根本性发展。

如果走出去的项目同样倾向于关注后者，或者对当地民众来说他们也更需要后者，那么我们就需要沿着公益项目层级做向上的调整，并具备相应的专业能力。这就意味着走出去的社会组织不仅要能募集到资金，还要将资金使用得更加合理有效。

走出去的社会组织的专业性在相当程度上是在国内的公益实践中形成的。按照一般规律，只有国内较为专业的机构才更有资格走出去。但国内当前公益事业仍处于起步阶段，公益组织在数量和能力上未必能够胜任。以北京市基金会为例，2013 年和 2018 年北京市基金会项目不同层级的比例如图 6 - 3 所示。

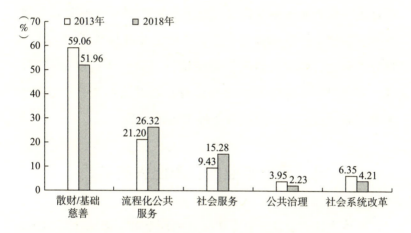

图 6 - 3　北京市基金会项目不同层级的比例

数据来源：北京市基金会年检数据。

图中五个层级从左到右比重快速下降，这虽然让人觉得有些沮丧，但从 2013 年到 2018 年，第一层级的比重降低了，第二、第三层级的比重都明显上升了，这意味北京市基金会公益项目变得加规范、流程化和注重效率，同时温暖人心的社会服务比例也明显升高。

公益项目层级是专业性的一个重要参考指标，其表明当前社会中主要的公益项目技术难度系数如何。在和德国相关公益组织的交流过程中，德国基金会反馈德国大部分社会组织位于后三个层级。

从这组对比可以看出我国公益组织仍然处于初级阶段，而对于其他许多社会组织发育成熟的国家来说，它们的社会组织已经进入了后面几个层级的阶段。而它们都将进入需要公益帮助的国家开展公益项目。这对我国社会组织走出去来说，不能不说是一个较为严峻的挑战。

同理，在专业性的第二个指标上，即同一层级上的公益项目运作是否具备专业性这一点上，形势同样并不令人乐观。例如，在当下互联网募捐平台上，甚至在最具热度的 99 公益日的平台上，大量公益项目仍然依据基础感人程度来获得认可，而项目本身的专业性较难体现；在政府购买社会组织服务中，同样遇到社会组织专业性不足的问题。

四　项目专业性：走出去的实践

整体来说，公益项目走出去才刚刚起步，要晚于当前国内的公益项目实践。从该角度看，至少当下对走出去的项目专业性的要求还不高，无须过于苛刻；但从另一视角看，走出去需要输出的应该是专业性最强的那部分项目，因此它又同时能体现出更高的专业性。那现实情况到底如何呢？以下列举出一些现实中实际发生的情形（具体可见第二部分案例）。

1. 从基础层级开始：落地简单、易切入的项目

一些具有国际视野的社会组织，认为走出去很重要，也有一定的资源走出去，但是在当前的条件下却没有实力一开

始便去做技术难度要求高的项目，难度大意味着需要面临更大的风险和挑战，不利于初期的探索。因此它们策略性地选择了简单基础的项目切入探索，注重项目能够顺利在当地社区落地。这样能建立起一个海内外人心相通的桥梁，等待人力、资源、渠道和专业技术等相对成熟时再开展技术含量高的项目。

中国扶贫基金会和四川海惠助贫服务中心都已经在国内开展了一些专业性较强的项目，但它们在走出去的时候都选择了一些更容易落地的基础项目。一方面，这受走出去项目操作难度更大的限制，前期适合用简单的项目进行探索；另一方面，这也和资金来源有关，目前这两家机构的国际项目的资金主要来自民间捐赠，民间捐赠不同于一些已有的政府和国际组织资助，民间捐赠一开始并不适合做高层级项目资助。

例如，中国扶贫基金会的海外援助资金主要来自互联网平台上的公众捐赠，虽然目前中国社会公众对援外项目比十多年前有了更高的接受度，但仍然倾向于能直接看到效果的项目。因此基金会就选择模式成熟、在项目实施标准和流程方面不用花费太多人力的款物递送类项目。在海外落地之后，基金会再不断地和当地的社会组织和国际组织进行交流学习，挖掘当地的需求，设计发展类的项目逐步提高项目的层级。例如，基金会尼泊尔办公室近年来就尝试和当地草根 NGO 一起设计项目申请国际组织的资金，在当地村庄开展具有一定技术含量的妇女生计发展项目。

四川海惠助贫服务中心发现了泰国当地的许多需求，却受制于没有资金支持开展社区农业发展项目，而机构理事会成员都觉得走出去和国际化很重要。面对这样的情况，理事长个人出了一笔费用支持海惠在泰国开办了一个公益园。以这个公益园为基础，海惠近些年做了大量的资源链接工作，支持国内的公益组织去对当地的需求进行调研，寻找合作伙伴，也是从简单的公益项目进行探索。

2. 基础类项目中体现出的专业性——责任主体归位

即使走出去的是基础层级类的项目，也并不是没有专业性要求的。前文已经讲到，即使在物资递送过程中也需要传递温暖和防止标签化效应等，这些都需要相关的专业支持。这里需要强调不同基础类项目背后的一个普遍性的专业技术要求，即在帮助对方的过程中，需要将对方的责任主体归位，而不是"养懒"，甚至让对方会觉得你是"人傻钱多"。

这里可以聚焦到爱德基金会公益项目的一个镜头。他们从对方当前最需要的基础层面入手，但即便如此也需要专业性，他们在和对方一起同吃同行的过程中，不仅仅是基于平等尊重的理念，也将对方作为责任的主体，从对方的角度和对方一起展开项目行动。因此爱德基金会的项目官员有这样一种感受：他们几乎没有遇到专家们常讨论的依赖性问题。

实际上，依赖现象存在于许多的援助环节，且是自上而下的扶贫工作中一个最容易产生的负面作用。只不过爱德在其共享价值体系中自然解决了该问题。当外来者去帮助对方，让对方也作为主人行动起来，他们既信任、认可外来者又会自己承担属于自身的发展责任时，项目才实现了责任主体归位的效果，才是"授人以渔"。

中国扶贫基金会在埃塞俄比亚开展的学校送餐项目即如

此。其表面上看也是一个简单的提供午餐的项目，但其中也体现出了较高的专业性。首先，在项目设计中，将学校学生的母亲组成"妈妈团"，将学生妈妈参与做饭和物资递送项目结合了起来，既解决了食品安全的问题，又提高了贫困母亲的收入；其次，项目通过在学校全面开餐而非筛选贫困学生送餐的方式开展，较好地保护了贫困儿童的尊严，且在物资递送中体现了更深层次的人文关怀；最后，项目开展与政策倡导相结合，在一个项目地区成功将项目模式转化为政府的政策后就前往更为需要的地区开展项目。项目还取得的一个效果在于，通过午餐的吸引力让更多家庭愿意让孩子入学，提高了当地的入学率。在项目开展的过程中，扶贫基金会是伙伴和支持方，而责任主体一直是当地的政府、学校、老师、学生及家长们。

3. 从高端层级切入：将成熟的专业体系输送延伸

这种方式不同于前者，而是让自己专业性含量最高的项目直接走出去。要实现这一目标，对社会组织的要求比较高。一方面，社会组织在路径体系方面能够打通，不存在法律政策、语言、文化、社会网络方面的障碍，能够顺利走出去抵达项目现场；另一方面，社会组织也需要有一定的专业基础，且能够募集到相应资金开展该项目。而这类资金的募捐可能需要向一些国际组织、政府等申请，对专业性的要求也比较高。

全球环境研究所（GEI）的社区协议保护项目就是其中的典型。该项目是 GEI 体系中项目模式最为成熟和社会服务技术含量最高的项目。协议保护机制是最早由保护国际组织

（CI）探索出的林业保护模式，GEI 在十多年前将协议保护机制引入中国，并在林地、草原、湿地等多种生态环境中进行实验，总结经验和不足，结合我国农村地区的产权结构发展出了社区协议保护（CCCA）方式。社区协议保护的核心就是用发展利益来替代破坏环境的行为，通过动员社区参与发展，支持他们在发展的同时真心保护自己的环境，停止一切破坏环境的行为。GEI 从 2015 年开始将国内成熟的模式推广到东南亚和非洲国家，并取得较快的发展。它在跨文化的环境中都较好地解决了如下关键性节点问题：如何进入社区？如何落实责任主体的转移？如何让当地居民对环境负责？如何解决过程中集体行动的难题？（具体内容见第七章的案例）

而在项目层级方面，该项目的主体在第三和第四层级，有些地区覆盖到从低到高的多个层级，如其在缅甸开展项目的第一年，项目包含了太阳能炉灶的发放，但该组织将物资发放设计成了撬动居民自主参与的引子，发挥了远大于物资发放的效用，还提高了物资的使用率。而在缅甸开展项目的第三年，社区协议保护的模式已经进入缅甸林业部门讨论政策的范畴，组织还开始参与东南亚国家建立林业保护标准。

还有一些组织，可能在项目模式上不够成熟，也较少关注当地的长期发展，但它们在技术含量上发展较快，通过学习国际规则和不断地在实践中积累经验，正在逐渐与国际接轨，如专门从事人道主义救援的社会组织，中国红十字基金会、蓝天救援队和公羊会等。蓝天救援队队员提到，学习国际规则和领先技术大约需要半年时间，但要成长为优秀的国际救援人员，需要大量的一线救援经验积累，因此当前队伍还有较大的成长空间。

五 一些跨国企业在公益领域的深度卷入

这里说的跨国企业有两种类型：一种是常规意义上的跨国企业，它们通过国际投资、国际并购和国际运营开展全球化运营，跨文化经营的经验让它们在公益领域里也卷入较深；另一种是一些小型企业，它们虽然在多国运营，但规模很小，它们的业务使它们更像是社会组织，或者说是某种形式的社会企业。这些企业的跨国公益项目或行动在某些情况下毫不亚于社会组织的探索，社会组织可以从它们的行动中借鉴学习。

1. 案例1：复星集团在企业和公益方面的全球化探索

复星集团是我国国际化程度最高的民营企业之一，相较于其他公司提供了更为明晰的商品或服务，复星集团的产品是"健康"、"快乐"和"富足"，即将人们的共同需求定义为产品，并围绕这三个价值目标打造了三个产业体系的闭环，在"健康"方面有医院、药企等，在"快乐"方面有旅游公司、酒店、邮轮等，在"富足"方面有保险公司等。由于很多人看不懂这些产品，所以复星并不是资本市场的宠儿，但它却坚持在自己目标上发展。

（1）企业在非洲的探索实践

谈及复星集团对非洲的贡献，则离不开青蒿琥酯的产业化和国际化。复星通过各种方式让中国生产的药品能够供给非洲人民（复星也曾经尝试通过复兴基金会对非捐赠抗疟疾药物，但由于药品的特殊性，没有得到民政主管部门同意）。

近些年，复星向非洲提供了上亿支抗疟疾药品，覆盖了 2000
万人群，挽救了约 10 万人的生命。

该成果已很丰硕，然而复星认为，疟疾产生的原因主要
是生态环境恶劣和经济条件落后，作为有责任的全球公民，
销售药品不是主要的，复星近两年的战略定位是支持非洲人
民发展经济，改善生态环境，以从源头消灭疟疾。很多人会
问，如果人们都不得疟疾了，复兴的药卖给谁？复兴的郭广
昌说，在疟疾被消灭、非洲人民生活水平提高后，还会有其
他更多幸福生活的需求。所以集团并不是要通过疟疾赚更多
的钱，而是通过助力非洲经济发展，与非洲人民一起发展，
从而给非洲家庭提供更多、更好的产品。

怎么才能有好的产品呢？第一，要有"神"一般的产业
理解和深入当地本土化的能力，就是要到当地深入市场，找
到关键人物，坐下来亲自去听、去看、去交流，去挖掘价值。
第二，就是确定对的事情（目标）后，就做重要的事情和难
做的事情（解决节点问题），在重要的事情上有突破，即使很
难很累。第三，就是不只注重投资，更注重投后管理，投资
以后还要花精力去陪伴其成长，逐步培养壮大它。

（2）复星的全球化公益行动

复星集团在全球收购企业的一大特点是本土化运营，投
资方以支持者的身份参与管理。复星集团在全球也有丰富的
社会组织网络，在上海、中国香港和美国分别成立了复星基
金会，在欧洲收购的一些企业也有关联的企业基金会。公益
和对美好生活的向往是不同地区团队都接纳的共享价值，因而
实现了跨文化共创。从 2018 年开始，复星每年组织以"星·
爱"为主题的公益周活动，这相当于一个公益创投，8 个国

家的 40 余家成员企业的 3 万名员工参与其中，大家根据当地社区的需求自发地设计和开展公益项目，复星基金会组织组委会评选出优秀项目、优秀团体和优秀个人等奖项。

在新冠肺炎疫情期间，依靠全球体系和健康领域的专业人才，复星能够从海外采购大量的高质量抗疫物资并运到国内，支持了国内十多家筹到款却没有防护物资的公益组织开展物资捐赠工作。当中国的疫情稳定后，针对国外的一些公益组织的需求，复星又开展了海外捐赠工作，积极开展海外抗疫行动。

2. 案例 2：创造太阳在非洲的探索

创造太阳乌干达石油学院成立于 2017 年，企业创始人是一群中国石油大学的学生。他们从能源企业必须依法履行社会责任雇用当地员工、对当地员工进行技能培训方面发现了商机，成立了培训企业，并获得了快速的发展。目前，创造太阳在非洲的 5 个国家开展培训项目，并计划在三年内扩大到 11 个国家。创造太阳的培训服务购买方众多，资金不仅包括中国在非洲投资的大型国企培训资金，还包括我国国际发展合作署、世界银行和欧盟国家的发展援助机构的援外资金等。

非洲人民有技能培训的需求，各国的援非项目也开展了大量的培训服务，中国和欧美国家的高校、职高都有着专业的老师，但创造太阳却呈现一种接地气和专业化的风格而备受青睐。这家由 4 个年轻人成立的培训学校是如何被各方认可并快速发展的呢？

（1）从共享价值出发

关于在非洲开展培训，或许相关项目书往往说的是，非洲人民有培训的需求，然后就选择一些优质资源去提供培训服务。然而当真正深入地走入当地去调查、去聊天、去沟通，就会发现他们需要的并不是培训，而是通过培训胜任工作进而提高收入。而以往政府或研究机构的调研往往是任务式的，受因公出国时间的限制，很难与当地相关方建立深入的关系，听到的往往都是表面形式的话，不够深入。而这4个年轻人，把非洲选作自己的创业场，将自己的全部青春奉献给这里，可以说是当地的自己人。

虽然他们每进入一个国家，也都会遇到文化冲突和沟通上的问题，但是从提高收入这个共同的话题出发，大家平等地去沟通，就能够一点点地被当地人接纳，了解到最真实的需求。而他们被接纳之后，国企、高校、职高发现处理当地的人际关系、需求调研、课件大纲设计这些工作他们做起来更专业，自己出资源或出老师便可，比以前更轻松，效果还更好。

（2）培训内容有标准，学员学习有助教

学校请来技术娴熟的中国老师为非洲学生开展国际标准、中国标准并行的技术培训，在开展技术培训的基础上，学校与乌干达教育部工业培训局共同制定《乌干达油气行业培训、考核、认证标准》《乌干达油气培训课程体系标准》。目前，学校也开展石油培训之外的职业教育科目。

每个班配备一名中国老师，并有两名助教帮助学生解决理解难的问题，这样，学员一般经过三个月左右的培训就能够合格，拿到国际资格证。比如他们开设的美国焊接学会国际焊工认证培训班，学员经过65天的培训，就能够获得国际焊工证书，成为乌干达最好的焊工之一，其收入是普通焊工的两三倍。学校的学员毕业后都很有成就感。在谈到与以往的一些培训的区别时，该机构的创始人说，很多培训培养了一些只会讲理论的人，而他们的更加实用。这个"实用性"使得被培训对象在培训中有明确的目标，并获得学习的激励。

（3）校企联合，学院毕业有出路

创造太阳与乌干达当地的企业和周边国家的中资企业签署谅解备忘录，为他们培养急需的技能人才，这样既解决了企业发展的需求，又使学员们学得更有自主性。为了帮助学员更好地适应中资企业的职场生活，学校还开设了一些中国文化课。当然，学员并非一定要来中资企业工作。上文提到，学校的培训课程均符合国际标准，因此学员毕业后自主选择的空间也很大，他们可以到中资企业工作，也可以去其他企业工作，还可以自主创业，有的学员还表示想回老家自己办工作坊培训更多的当地人。类似于这样有着明确输出的培训，就实现了从学习到应用的闭环，而不至于培训之后却不能找到很好的出路。

第七章
社会组织走出去案例

在路径体系、共享价值和专业能力的基础上，本章将呈现国内已有的一些社会组织走出去的典型案例，其中的重点在于呈现社会组织如何实现人心相通（共享价值），如何打造公益项目的专业体系（路径体系部分内容融合到后两部分之中）。

案例 1　爱德基金会的社区发展项目

1. 案例概要

爱德基金会是我国最早走出去开展援助服务的社会组织之一，在东南亚、非洲等地开展直接跟生产生活紧密相关的社区发展项目。在爱德基金会的案例中，我们可以看到共享价值如何发挥作用，以及在共享价值下如何和对方建构关系，并在项目中保障责任主体的归位。

在爱德基金会的项目实践中，共享价值具体体现为分享人类的爱、平等、互相尊重、发展、为社区（社会）做点事情。基金会以这些要素作为起点，在相互接纳的基础上，通过陪伴资助、链接资源和提供服务，支持服务对象和合作伙伴有尊严的自主负责，获得发展。

2. 人心相通的起点——接纳对方和被对方接纳

接纳对方是社会服务中的第一原则，但并不是说对方想要什么就给什么，而是真心地接纳。爱德的项目老师进入对方社区里，和当地人一起吃饭，吃饭的地方可能苍蝇乱飞，环境恶劣，但他们仍可以跟对方一起吃饭，边吃边聊天，跟对方交流为什么来这里，关注对方有什么需求，听取对方的意见和想法。当你去聆听对方想法的时候，对方也很高兴，也希望能做一点改变。这样，对方接纳了你，觉得你是真的来帮忙。在互相接纳的过程中人心相通。

3. 平等尊重下的增能和责任主体归位

在相互接纳的基础上，爱德沿着对方的需求脉络通过服务构建出平等关系，最终的目标不是服务递送，而是让对方实现尊严价值和具有负责任的精神。

爱德的一个核心价值是平等。尊重人在爱德不是体现在一个动作上，而是体现在基金会整体营造的状态氛围上。基金会从招聘选人开始就注重选择有接纳包容理念和专业能力的员工，在组织管理和文化建设中把对合作伙伴的尊重放在项目管理的流程中，通过服务让对方真的感受到被平等对待。

在第三层级的社会服务中，强调过程中支持每个个体沿着自身脉络享有尊严，而越有尊严就会越有价值感，也会越来越对自我负责任。爱德是如何做到让受益对象自我负责，把项目做成是"我要做"（对方想做）而不是"要我做"（基

金会要做）呢？这里从对受益人和合作伙伴两个方面分别
阐述。

(1) 对社区居民

首先，基金会到达一个村落并不会表明自己是带着多少
资金来做什么事情，而是和当地居民一起去发现需求或问题，
发现问题后，基金会会和他们一起去想办法解决。全程是由
当地人参与进来，发现问题，想办法，其中基金会会分享经
验并在适当的时候提供资源或其他支持。

随着交流越多、越深入，越能发现对方真正的需求在哪
里，以及背后的根源。这并不是传统地做调查或是发放问卷，
而是真正深入一线和受益对象一起反复交流，了解当地有什
么难处，他们想要怎么去解决，以及他们为什么期望这样去
解决。通过这样的对话，和居民一起探讨出问题点在哪里。
基金会在适当时候会分享一些方法和经验并一起讨论，之后
主要由当地居民来做，基金会贡献有能力的版块或者其中的
部分资金，比如当地想要发展生计，基金会可能会对接合适
的技术培训等。当居民自主地探讨社区问题，并尝试挖掘资
源的时候，基金会人员再和大家一起想如何去链接或争取资
助（包括爱德自己的资助和其他资源），这就是一个共同发展
的过程，能让责任主体归位于当地居民自身。

(2) 对合作伙伴

第一，爱德充分尊重合作伙伴，不是为了管理而管理，
而在管理过程中体现相互之间的尊重。基金会将尊重与平等
嵌入项目管理的点滴细节中，充分和对方协商。在走出去的
过程中，并不会一开始就和合作伙伴表明基金会要做一个怎
样的项目，询问合作伙伴是否愿意做。和合作伙伴对接时，

基金会通常会说明我们并没有项目，只是希望跟你们一起来看能不能做点事情，为当地民众做一点切实需要的事情就行，具体做什么大家一起协商着做。

第二，合作就是做到真正的平等合作，遇到问题共同去想方案，不区分主客体，或者界定管理与被管理、资助与被资助的关系。遇到问题大家共同协商，基金会没有把自身摆在资助方的位置，不会轻易指点对方哪里做错了，哪里必须要改正，为什么做得不好等。（当然出问题并不是不沟通）基金会并不是高高在上的出资方，而是陪伴的合作者。

第三，要学会分享而非好为人师。在项目管理等方面，基金会人员都是用一种分享的态度来传递经验、教训或相关知识，而不是好为人师，觉得自身比合作伙伴更为专业，要去教导或者培训对方。

4. 追求真正的效率而非形式上的流程

基金会在走出去的过程中强调三个方面：第一，真正深入基层，深入当地百姓当中，进入"田间地头"而不能停留在表面；第二，以需求为本，不是拍脑袋出点子，然后由专家论证是否可行，而是将行动和对方的需要相匹配；第三，规范要适当，不同国家地区存在发展差异和管理水平的差异，到非洲和东南亚特别贫困的地方，要求合作伙伴沿用国内较为严格的规范，可能会有些本本主义。项目不能为了规范而规范，而是需要在当地能解决问题，适应当地工作需要，且合作伙伴也能够适应。实际上，基金会在合作的过程中可以根据情况逐步改善标准，让对方对自己的项目负责。

这三个方面的组合使得基金会并不是将工作重心放在完

成一套项目流程化的动作方面，而是保留下了内核——真正解决当地问题、满足当地社会需求。这样，项目过程中的大部分动作都将是有效动作，才能使团队步入效率轨道。

案例 2　中国扶贫基金会的爱心包裹项目

1. 案例概要

中国扶贫基金会（简称扶贫基金会）是国内国际化水平较高的基金会，在亚洲和非洲多个国家设立代表处，并在全球多个国家的贫困地区为在校学生送去爱心包裹。爱心包裹虽然是位于第一层级的基础慈善类项目，但却是很好的"打头阵"项目，以此为契机，既可以传递中国民众的温暖和关怀，以实现人心相通，也可以在此基础上进一步挖掘对方的需求，开展行动。此外，即使是简单的基础慈善类项目，也具有相关的专业性要求。爱心包裹项目在防止标签化、保障公平性、尊重平等等方面都做了很好的示范。

2. 人心相通——连接爱的桥梁

爱心包裹项目是扶贫基金会在国内开展的成熟项目，该项目通过一对一的资助模式使贫困地区的孩子感受到来自远方素不相识的捐赠人对自己的关心和鼓励，使他们内心感受到社会的温暖，这种作用远远超过了爱心包裹本身礼物的价值。该项目的主要捐赠人为中国的社会公众，捐赠人自身能够通过这样一个便捷可及的捐赠方式（通过互联网平台捐赠）表达自己对另一个国家小朋友的爱心，而在包裹发放的过程中也主要是强调来自中国民众的关爱，营造民心相通的氛围。

3. 专业服务——平等关系和尊严感的构建

在构建平等关系上，爱心包裹的外观设计并不是随意的，内部产品也并不是随意采购的，而是通过与受益国相关人士的磋商，多轮讨论后共同选择的。例如，在缅甸发放的爱心包裹的外观设计结合了中国和缅甸的代表元素，而在将什么缅甸元素放在设计中的环节，缅甸的相关方积极参与讨论和决策。爱心包裹（书包）里的物品均是经过调研的适用于当地学生的物品，包括基础文具、美术用品、益智玩具、生活用品等，共 105 个单件，各种物品上印有缅文，方便孩子们正确使用。

虽然爱心包裹的受益学校为贫困或相对贫困地区的学校，项目从受益孩子的心理平衡和性别平等等视角出发，延续了在国内实践出来的全校覆盖的发放模式，这种模式有在国内已经被证明有几大优点，在全流程中能维护受益学校和孩子的尊严。

首先，去除贫困标签，转向发展学生的综合素质，倡导梦想的方向。这样一种方式把有消极趋向的标签转化过来，孩子们不是因为贫困而收到礼物，而是因为有人关心他们，帮助他们实现梦想。其次，保护了贫困学生的隐私。受益学校每个学生均能收到礼物，一方面防止最贫困的孩子的家庭信息在学校被暴露，有效地保护了他们的隐私和情感；另一方面有效避免不公平的选择导致孩子们心理不平衡，在学校和班级的小社会内形成霸凌。最后，保护了女生的权益。全覆盖的方式既保障了女生能够获益，又保证了男女生均衡发展。

4. 相互接纳——为深层次项目奠定基础

要开展层级更高的服务，就需要人心相通、相互接纳，然后通过专业人员找准当地的需求，国内的社会组织最缺的是与受援地深入沟通找准需求的机会。对于扶贫基金会来说，发放爱心包裹并不是一个任务，而是通过这一过程发现更深层次的儿童发展需求，并精准地设计和匹配项目。例如，在仰光的城乡接合部开展爱心包裹发放活动时，基金会的工作人员通过与学校校长的沟通发现学校的饮水安全需求，通过到学生的家庭走访发现了贫困家庭用电难的问题等。

案例3 昆明云迪行为与健康研究中心的医务社工项目

1. 案例概要

昆明云迪行为与健康研究中心（简称云迪）是一家位于云南省的社会服务机构，在柬埔寨和缅甸两个国家为卫生援助项目"贫困先心病患儿免费手术治疗"提供儿童术后社工服务。手术治疗项目属于国家援外项目，主要依靠的是我国三级甲等医院的先进技术，开展受援国无法开展的复杂先心病手术服务项目。而云迪提供过程之中的医疗社工服务，属于典型的第三层级社会服务类项目。在这个项目中，能够看到叠加在"硬件"上面的"软性"服务是如何开展的。

虽然先心病救助表面上是一个医疗技术服务，但术前的跨国环境适应、心理建设，术中的服务和医患沟通，术后的恢复及发展等，都需要医疗社工介入，提供人性的温暖和文化的融合服务。此外，借助于这个公益项目，中、柬、缅三国的志愿者共同行动起来，在公益中实现交流互动。

2. 提供人性的温暖

对于缅甸等国的手术家庭来说，其最为关注的是手术治疗，即使手术风险小，进行跨国治疗也并不是一件轻松的事情。家长和孩子来到异国他乡开展有一定风险的手术，心中往往忐忑不安，既有对未来的不确定，也有对环境的不适应。优质的医疗服务虽然本身具有吸引力，但毕竟是冷冰冰的。这时，专业的社工介入这些家庭开展服务，能让患儿更好地适应环境配合治疗，并让这些家庭感受到人性化和温暖。

云迪的行动主要包括：首先，在孩子还没有出发前，邀请前几年手术成功后康复的小朋友和其家长与即将出发的家庭一起参加分享会，分享手术、预后、康复以及在昆明的经历，这些经历能够舒解孩子和家长的心理压力；其次，在昆明招募来自柬埔寨和缅甸的留学生做陪护志愿者，他们既熟悉两国的语言，也熟悉两国的文化和传统，由他们在术前术后对孩子进行陪伴，让受助人有亲切感，减少陌生感；最后，在医院里组织昆明的小朋友跟他们一起做文化活动，去昆明的一些典型地方参观，让他们感受到友好的环境与氛围，减少心理障碍。

3. 中、柬、缅的志愿者心心相通

虽然中、柬、缅三国存在很大的文化差异，但尊重生命和关爱孩子是共通的。这个项目很明确就是为了孩子的健康和福祉，同时项目又能够给参与项目的志愿者提供必要的技术支持和物资支持，这便吸引了三国志愿者共同参与其中。在公益目标下行动，大家是心心相通的，为了共同的目标而积极努力，实现个人价值和社会价值。

4. 术后的恢复与发展

先心病儿童来自柬、缅两国的贫困地区，分散于各处。在中国做完手术回国后，他们需要当地医生为其提供服药咨询服务、3~6个月的当地医疗随访及康复服务，以在术后尽可能恢复身体健康及社会功能，同时避免术后的并发症。但在较为贫困的缅、柬两国的农村社区，缺少专业人员来为患儿家庭提供康复服务。先心病患儿家庭经济条件有限，多数没有能力联系当地医生为术后患儿提供高质量的医疗随访及检查，更没有能力负担患儿手术后 B 超及 X 光复查及康复服务费用。

项目针对这一难题，对来自中、缅、柬国家的医生和社会组织人员进行培训，为患儿提供术后联合服务，组织当地社区医生及社会组织为柬、缅先心病患儿提供术后医疗随访及康复相关服务。

除此之外，家庭贫困也会导致儿童的营养条件和卫生环境不利于他们的康复，云迪通过社工和志愿者家访解决这一难题。首先，云迪精准地筛选出这些家庭，然后通过与家庭一起探讨磋商的方式发现他们自己想要解决自家困境的发展方向，并在他们自主想法的基础上给予支持。在 2019 年的项目中，项目组织为 24 户贫困家庭提供了自行车 2 辆、术后营养食品 20 套，为部分贫困户提供了形式多样的生计发展服务，如养牛、蔬菜种植、三轮车运输、家庭小作坊、流动糕点屋、家庭超市等救助，较大程度上改善了患儿及其家人的生活质量和贫困状况。从这里可以看到，每家每户实施的方案均是根据各家的需求和发展特点提供的精准支持，而不仅仅是解决眼下孩子的短期营养问题，提高了援助的有效性。

对于术后康复期的跟进服务和家庭支持，云迪开展得十分深入和细致，并且激活手术儿童社区的志愿者和社会力量共同参与，针对家庭提供个别化支持服务，这一行动甚至超越了当前国内许多医疗社工服务提供的内容。可见社会组织走出去时虽然面临诸多挑战，但依然可以在专业的层次脉络上实现突破和创新。

案例4　全球环境研究所（GEI）的社区林业生态保护项目

1. 案例概要

全球环境研究所（GEI）是一家长期致力于践行"协议保护机制"① 的社会组织，是最早将协议保护机制引入中国

---

① "协议保护机制"是由保护机构以签订协议的方式介入某个地区的保护工作的环保工具。

的本土社会组织之一。协议保护的核心是通过社会服务、生计支持、保护工作补助等机会成本替代生态脆弱地区民众的一些威胁生物多样性的行为，并形成保护的行为。GEI 在国内探索出成熟模式（见图 7－1）之后，将其推广到东南亚和非洲国家，并取得较快的发展。

这个案例属于典型的第四层级的项目。当前国内社会组织走出去的实践中，能够真正深入扎根到目的国社区开展深度的社区可持续发展的项目凤毛麟角。且在该项目中，本身需要攻克的难题不仅仅是发展，更是环境保护和地区的可持续发展的共同实现，这对于这类本身就贫困的地区来说，其难度更大，对专业性的要求更高。

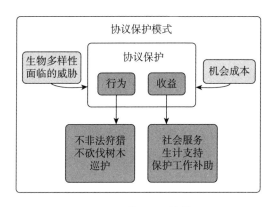

图 7－1　协议保护模式

GEI 在国内实践中将解决社区集体行动难题的一些做法改良纳入协议保护机制中，形成了社区协议保护（CCCA）的模式。自 2015 年开始，GEI 将国内模式尝试向缅甸等地进行推广。从 2016 年至 2019 年末，其在缅甸已开展两期协议保护项目。2016 年至 2017 年为第一期项目，在关键生物多样性热点地区建立 16 个示范社区，共保护 10932 英亩土地，项目社区共覆盖超过 3000 个家庭和 15000 人；2018 年至 2019 年为第二期项目，在 GEI 与关键生态系统合作基金（Critical Ecosystem Partnership Fund，简称 CEPF）的资金支持下，拓展至 27 个示范社区，保护地总面积扩大至 40890.5 英亩，共覆盖超过 20000 人。缅甸的协议保护项目由缅甸当地 4 家社会组织在 5 个关键生物多样性热点地区具体推行和实施，GEI 在其中主要发挥组织带动、技术与资金支持作用。这 4 家社会组织的成员大多具有林业工作经验，环境保护专业技术能力较强，社区落地工作经验丰富，经过交流商讨和能力建设，他们和 GEI 对协议保护的理解认知与工作方法能够保持一致，同时能根据当地社区特色进行进一步的实践创新，共同成长为值得信赖的合作伙伴。

GEI 之所以能够取得上述成效，在于其本身在行动模式和对应的专业技术方面都"切中要害"，切实解决当地的实际困境，也能够实现环境保护的目标。在这个案例中，我们重点关注 GEI 在跨文化背景下如何解决关键性节点问题：如何进入社区？如何解决过程中集体行动的难题？如何让当地居民对环境负责？如何落实责任主体的转移？

2. 节点问题 1：如何进入社区？

2015 年，GEI 在中国开展协议保护项目日趋成熟，当时中国气候变化南南合作基金为缅甸援助了清洁炉灶 400 台、太阳能照明设施 400 套。物资捐赠项目需要解决的关键环节也不少，包括如何找到合适的捐赠对象，如何确保只有真的需要这些物资的人受益而不是免费的东西要了不用，如何使受助人自主为物资负责等。所以，虽然这些物资是缅甸贫困社区非常需要的产品，但是找到合适的社区，开展有效的捐赠活动还是一个行动难题。而 GEI 发现这是个很好的例证，可以此作为进入社区开展环境保护项目的起点。于是，GEI 开始对接运作该项目。

GEI 组织社区居民讨论，设定了规则，让想要接受物资的居民在接受捐赠后向社区生计发展基金投入少量金额，供社区共同发展使用，以此来确保受赠对象是切实需求，且对物品有"珍惜感"。因为这批物资质量好且有吸引力，社区居民都想获得。GEI 通过这样的设计将物资、社区基金和协议保护的模式结合起来，既帮助政府较好地实现了物资捐赠的有效性，又受到了社区的欢迎。4 年过去了，这批物资在当地仍然能够很好地被利用和使用，发挥着作用。

项目第一期的开展效果良好，周边很多社区都想加入该项目，因此当进入社区不再是难题时，作为引子的捐赠物资也非必要了。实际上，在后期的项目中，GEI 在实施项目中并没有再借助物资捐赠方式来进入社区。从另一个方面来说，简单的物资捐赠和社会组织进入社区结合的方式都能提高双方项目的有效性。

3. 节点问题 2：如何解决过程中集体行动的难题？

这个环节是 GEI 在将国际经验应用到中国的过程中遇到的最大难题，美洲由于土地权相对集中，基本不用面对这个难题，而在中国解决这个问题的经验则能够较好地应用到缅甸等需要平衡乡村社区发展和环境保护的国家。

GEI 改良的 CCCA 模式坚持以"人"为中心，重点强调社区的主体地位，即关注社区生态环境保护和生计发展的冲突问题，由参与协议保护项目的社区居民集体自主决定生态环境保护活动和可持续的替代性生计发展方式的具体内容。

GEI 的项目目标是调动居民集体行动去改变不可持续的生产方式，并开展环境保护活动。然而仅靠演说与宣教是难以让居民遵守规则和契约精神的。因此 GEI 复制了在中国实践效果良好的集体生产发展基金模式，通过集体运作资金这个互益资产来使集体行动起来，并逐渐延伸到环保这个集体公益的领域。

在协议保护的话语下，基于传统治理模式，叠加现代民主议事形式，社区形成分层级的沟通协商模式以达成关于项目的意见共识：首先，社区精英、社区中德高望重的成员或意见领袖组成社区协议保护管理委员会，进行内部探讨；其次，社区协议保护管理委员会与社会组织协商，就协议保护机制的理解和认识进行沟通，在达成一致观点后拟定初步协议；最后，社区协议保护管理委员会组织召开社区协议保护大会，社区居民以家庭为单位参加，并在会上充分讨论协议的具体内容，社区居民在认可协议内容之后签订协议。

在沟通协商的过程中，允许出现矛盾和争议，但必须就矛盾和争议的具体处理方式进行探讨，就运作协议保护机制的规则达成共识。如果无法达成共识，短期的个人与集体利益都无法实现，长期可持续发展目标也无法实现，基于这一考虑，再经过不断而充分的讨论协商逐渐达成集体共识。

尽管项目具有一定期限，但是在项目结束后，协议保护机制以及具有"代议制"特征的沟通协商模式往往在社区得以保留。例如，缅甸茵莱湖的某社区，除了建立社区协议保护管理委员会，借鉴其运作模式外，还另外成立了多个针对其他社会议题的委员会，如针对当地留守儿童的教育委员会等。

4. 节点问题3：如何让当地居民对环境负责？

农民有了环境资源，并不代表他们一定会去保护环境。整个协议保护模式的设计就是要解决这个问题，社区协议保护的核心在于"授权"，主要包括资源利用者实施的保护行为，以及资助方为资源利用者的保护行为提供的相应利益回报。保护和发展之间的权利义务关系得以明晰：当地社区只有在承诺进行生态环境保护的基础上，才能获得经济发展支持的权利；如果不进行保护，那么将丧失可能的发展机会。协议保护方法阐释了协议保护机制发挥作用的基本逻辑。

这个协议是一个巧妙的关系构建，而这还需要NGO有很强的环境保护领域的专业性和社会治理的专业性，才能够保证模式设计解决节点问题。在环境保护领域的专业性上，GEI合作伙伴的主要负责人均为林业专家，而一线社工则为林业专业的大学毕业生，他们在社区里针对当地生态多样性或生态系统面临的威胁设计资源利用者的保护行为，并通过建立在人心相通基础上的沟通交往改变当地居民的行为。

在这个过程中，另一个关键环节在于，保护环境的行为能否带来社区整体更大的"获利"，这个获利包括经济上的收入。这样才能够真正将环境保护和社区发展放在一个共赢的轨道上，否则难以长远。于是，便需要社区外的资源方出现。

资助方提供的利益用于平衡资源利用者参与保护所承担的机会成本。保护的机会成本是指在正常商业环境下资源利用者放弃使用他们的资源而损失的价值，即旧的破坏性资源利用方式产生的总收入减去保护所降低的总环境成本，用以补偿机会成本的利益主要包括但不限于提供社会服务、替代性环境友好型生计支持、参与保护行为的劳动报酬等。这些补偿资金小部分由 GEI 的项目支持，大部分由项目支持社区通过对接市场和政策而获得。如在在缅甸的项目中，基于缅甸林业部门推行的社区林业政策，如果居民能够较好地开展环境保护项目，那么社区就有可能申请到社区林业政策，将协议保护机制的方法与该政策相对接，与其他未借助相关政策的项目相比，工作开展会更顺利，实施效果会更好。

5. 节点问题 4：如何落实责任主体的转移？

GEI 运用了很多在多国验证有效的方法，如达成意向前应用自由、优先性及知情同意（Free，Prior and Informed Consent，简称 FPIC）原则，也就是说签订保护协议这个动作不是目标，其在充分了解信息的基础上的磋商过程更为重要。居民并不是被哄骗或逼迫而签署保护协议，而是在充分了解责任、权利和义务的基础上签署协议。在互动过程中，协议保护机制保障任何一方均具有保持反对意见而随时自由退出协议设计的权利，最终签署的协议是村民个人和集体共同讨论后大家均可接受的。基于协议与社区自主治理体系中契约精神和乡规民约的约束，项目的影响能够持续。2017 年末，在缅甸开展的第一期项目已经结束，但第一期项目中的所有社区均依然保留社区发展基金的运作，并自主按照协议使其继续为社区居民的生态环境保护和生计发展工作提供支持。

居民主观上愿意改变后，对居民生计发展能力建设的支持则成为关键。在缅甸社区的走访中，GEI 合作伙伴的林业社工长期生活在项目点，与社区居民同吃饭、同劳动，将环境保护知识、可持续农业发展的知识和生计发展的知识通过聊天讨论分享的方式转移给了项目地村民。"他们没有给我们培训什么，我们种咖啡的技术都是祖传的，只是他们来了后现在我们种的间距大了点，因为这样咖啡苗长得更好。"这是一位村民在回答项目培训内容时的说法。可以看出，比起背知识点的培训，村民真正学到了知识，而且认为这种新的做法也是遵循传统模式的，则更会去实践。

案例5　中国扶贫基金会的埃塞俄比亚微笑儿童项目

1. 案例概要

中国扶贫基金会在埃塞俄比亚开展微笑儿童供餐项目（学校供餐），该项目通过妈妈团供餐模式连续5年在亚的斯亚贝巴市为公立学校的贫困小学生提供免费的早、午餐，助力项目受益儿童健康成长，助力埃塞俄比亚早日实现零饥饿的联合国可持续发展目标。学校供餐项目在国内和欧美国家均有较长的历史，在很多地方都是简单的流程化服务，然而扶贫基金会在埃塞俄比亚开展时针对实现目标的节点问题，结合国内经验和当地社会组织的建议，探索出了一种相对新颖的模式，项目受到了受益人和当地政府及民众的高度认可。

该项目表面是一个流程化公共服务项目（为学校学生提供午餐），但在这个过程中，由于调动其利益相关方的参与积极性，将责任主体归位于当地，同时给学生的妈妈赋能，获得了当地政策的支持。

2. 节点问题 1：食品安全如何保证？

　　不管是在国内还是走出去开展学校供餐项目，食品安全问题都是需要首要解决的节点问题。供餐质量不达标，孩子吃坏了肚子怎么办呢？吃中毒了怎么办？规模不大，供给量不多的学校，买的粮食在储存的过程中霉烂变质怎么办？解决这些问题，一种模式是从食品安全的技术出发，在餐食供应中提高采购的标准，加强对物流的管理，这就需要在模式设计中对流程化设计提高要求，对流程中各个相关方的诚信也提高要求。目前国内的免费午餐主要是使用这种模式，然而这种模式并不适合社会组织走出去做，因为成本较高且可持续性较差。跟吃有关的问题，触及后就是问题一大堆，很多组织出于这些问题望而却步，因为承担不了这个责任。而且到海外做供餐项目，到底该为当地提供什么食物，才能够契合当地学校或者社区的需要，也需要一番斟酌。

　　社会组织不到一线去调研去沟通，在办公室想不出好的办法来。扶贫基金会的工作人员在当地调研后发现，当地已经有本土社会组织在开展依靠妈妈自组织供餐的设计。他们解决食品安全问题的逻辑是，每个人在家里吃的饭，虽然没有按照食品安全标准和流程，但基本很少出现食品安全问题，因为大家会对自家的食品安全负责。当地由于就业机会较少，妈妈们大多没有工作，如果把妈妈们组织起来负责餐食的供应，做出来的饭菜自家的孩子也要吃，这样就可以基本保证食品安全。

　　妈妈们不仅负责做饭，还负责食材的采购和储存，老师们负责监督，这样利用当地已有相关方力量的模式，就可以保障食品安全。项目在埃塞俄比亚开展 5 年来，没有发生一起食品安全事故。

3. 节点问题 2：如何激励学校参与？

扶贫基金会在埃塞俄比亚选择了和第一夫人办公室旗下的一家本土 NGO 母性之本合作。该机构的骨干力量都是小学女老师。这些女老师热心于公益事业，了解学生的家庭状况和食物缺乏对学生的健康状况与学习能力的影响。扶贫基金会在当地开展项目之前，由于缺少外部支持，老师们都是通过自己筹集费用支持妈妈们小规模和不规律地开展助餐活动，服务时有时无。扶贫基金会涉入后，老师们是在做原本就想做而做不好的事情，由于有了资源和项目管理上的支持，工作负担减少了。而孩子们吃饱饭后，精神面貌有了一定的改变，读书的积极性有了一定的提高，这些现实的效果对老师和学校也是一种精神上的激励。

4. 节点问题 3：如何维护儿童尊严？

项目在 2015 年最开始的时候，由于资金有限，只能在一些学校里选择最贫困的孩子，往往是残疾家庭、艾滋病家庭或孤儿，他们往往没有外界资助便不能继续生存下去，但这也引发了一个问题，这样做相当于给孩子身上贴了"我家特别穷"或"我家有病"等负面标签，孩子们虽然出于生存的需要不会拒绝用餐，但常常在中午吃饭的时候，主动避开学校里的其他小孩，去一个小屋子单独吃，并不开心。

而市场本身就是区分贫富的一种手段，在当地，只要经济条件稍微好一点的家庭，都会送孩子去私立学校，贫困地区公立学校里的孩子只有绝对贫困和相对贫困的差别。因此，项目就做了一个改变，一旦一个学校被选为受益学校，就会为这所学校所有的学生供餐。

在食谱的选择上，一方面听取当地营养师的建议，另一方面使用埃塞俄比亚的传统食材，妈妈们在附近的市场就可以采购，孩子们的基本营养需求就能得到满足。选用当地食材既是出于对食品安全问题的最优考虑，也能维护孩子对当地文化的自信自尊。

5. 节点问题4：如何促进责任主体归位？

社会组织能起到的是支持和项目模式管理的作用，而不能解决所有的问题。对学校来说，老师们在项目中承担着项目管理和监督的责任，而妈妈团的家长们既是项目的服务者，也起着代表家长监督学校项目开展的作用。社会组织能提供的资源是有限的，随着项目模式的成熟和当地政府的财力提升，亚的斯亚贝巴市政府已经参照微笑儿童项目机制出资援助学校，复制推广供餐模式。从2019年开始，扶贫基金会就慢慢退出了一部分在亚的斯亚贝巴的项目，去奥罗米亚州供餐，之后还去到埃塞俄比亚和索马里边境上的索马里州，给难民营里面的3000多个孩子提供食物。

第八章
走出去的体系建构过程

"走出去"对于当前中国的社会组织来说，逐渐成为一个热门趋势，其背后的原因多种多样，除了回应组织使命外，很多组织认为这是一件可以体现机构公信力、扩大品牌影响力的事情。有时候，"走出去"甚至意味着"高大上"，为其披上了一层华丽的外衣。于是，许多社会组织跃跃欲试，但沉淀下来真正探索便会发现，走出去并不是一件容易的事情。如果社会组织没有做好充分的准备，对走出去有一个很高的期待，建议大家审慎选择。

在梳理了路径体系、人心相通和专业能力方面的内容和具体的挑战之后，我们进入社会组织从开始走出去到最终扎根当地产生社会影响的整个过程（见图8-1）。

首先，社会组织需要建构一套能够回应当地社会需求的公益项目行动模式，该模式蕴含组织的相关理念、对当地社会问题的精确对接、对应的项目模式设计及专业团队的组建。这是社会组织走出去的核心"产品"，若没有这套核心的公益项目产品，走出去就仅仅是一套形式化的动作。

其次，有了核心的公益项目产品之后，接下来需要攻克联通过程中的各种障碍，即路径体系的建设，包括熟悉双方

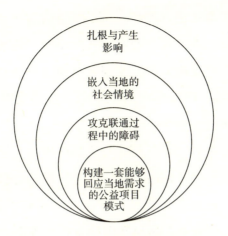

图 8 - 1　社会组织走出去的过程

国家的政策法规、了解资金如何顺利地走出去、了解如何对接到当地的利益相关方、攻克其中的文化障碍等。这些内容都是需要叠加在公益项目产品上的内容，同样不可或缺。当然，这些内容也是我们既往在"走出去"的培训中经常培训、交流和对接的知识内容。

　　再次，就是如何嵌入当地的社会情境，即在人心相通的基础上形成双方的互动合作关系。这个环节，人心相通是基础，同时也需要相关的专业能力，让公益项目产品能够嵌入当地的社会结构中，包括项目符合当地的规范、文化等，同时项目也能够给当地带来一些良性的社会结构改善。

　　最后，不管项目是否结束，都能够产生真正可持续的社会影响，真正把行动扎根到当地的社区，实现或许包括"授人以鱼"、"授人以渔"和"建渔业市场"的长远效果。即使是在"授人以鱼"的一次性或者是短暂性的接触过程中（如地震或疫情下的物资捐赠），也传递了温暖，给双方彼此留下一个友好的印象。而到了"授人以渔"层面，则做到了赋权增能，改变当地受益者等相关方的理念、能力等，为其后续发展奠定基础。当然其中最为深远的还是"建渔业市场"所产生的影响，这更类似于变革理论框架下整体社会结构的改变，使当地社区改变脆弱的结构，更加能够应对外部的挑战，步入发展的轨道，实现社会进步与变革。

在整个过程中，许多人也关注我们该如何顺利地跨越这四个台阶，达到理想化的效果。这个过程是可以通过学习培训而了解吗？还是除了显性知识之外，还有一些隐性知识？此外，在这个过程中，如何和国际其他的发展项目体系进行对话也是大家关注的。

一 走出去的三种行动方式

走出去的项目在实施上有三种不同的行动方式（见图8-2）。

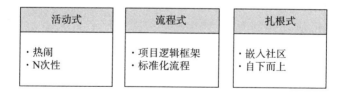

图8-2 三种不同的行动方式

1. 活动式

这种方式以零散的单次性活动为主，有时候也会有多次性活动，但活动之间没有内在的逻辑关联。这些活动可能没有对应的明确的产出，更多的是一系列的动作，有时候看起来很"热闹",但热闹结束后几乎什么都没有留下。这些活动往往是追寻资源方的需要、"对上负责"的需要或者是媒体的聚光灯效应。这些行动甚至无法称得上系统的项目。

　　案例:某打工子弟学校校长谈到一些爱心活动时:"前段时间,×××机构带着很多孩子来了,对我们学校的同学进行爱心捐助活动。除了捐款外,他们也捐了很多书,还开展了一些分享活动。……我们的孩子们在他们面前显得很拘谨,放不开。这些书,我们也都放到阅览室里面了。(实际上,学校阅览室的开放时间大概一周2次)"这些活动或许形式很热闹,可能每个月都有,但对这些学校并没有多大的帮助。例如,图书捐赠,是一种零散化的图书捐赠,每个孩子捐出自己的闲置书,送给学校,开展互动活动,并不关注图书是否合适、送到学校后学生是否有机会自由借阅、如何激励学生看书、如何激励学校开展阅读活动。

　　活动式可能存在于社会组织走出去的初期。当然,并不是说社会组织完全不允许有活动式的项目。如果社会组织对目标国还不熟悉,在探索的初期,可以有少量的活动,但活动最好作为双方建立关系的契机或者是起点,而不是仅仅停留在活动式层面。后者往往会被当地人认为是"作秀",或者是满足了援助者自身内在的高尚感或存在感。

　2. 流程式

　　流程式是当前的主流模式,不仅仅是在国内,在国际上,这套基于项目逻辑框架的项目管理体系也是一套占绝对主导地位的通用体系。这一体系具有如下的特征。

（1）开展社会问题分析和对应的目标分析。

（2）形成完整的项目逻辑框架，设计相关的项目活动投入（input），规划对应的产出（output）、目标结果（outcome）与社会影响（impact），即项目的投入—产出—目标—影响体系IOOI（Input-Output-Outcome-Impact）。

（3）形成一套标准化流程SOP。

（4）部分项目还引入变革理论。

项目的逻辑框架从核心问题入手，向上逐级展开，得到其影响及目标结果，向下逐层推演找出其引起的原因，得到"问题树"，并建立"逻辑框架矩阵"。矩阵纵坐标的四行分别代表项目的投入（活动）、产出、目标结果和目的影响四个层次；横坐标的四列则分别为各层次的项目、绩效指标、监测评价方法和前提条件（实现该目标的重要假设或风险）。逻辑框架针对项目的主要部分和项目之间的关系，和利益相关者进行交流，它将计划、项目实施与项目结果联系起来，是一种清晰的项目呈现方式，也是项目评价方式。

项目逻辑框架成为项目的核心内容固然有其可取之处，它仍然是当前项目设计和评估的重要参考工具，尤其是针对项目经验较为缺乏的公益参与者，其能够帮助大家厘清项目的内在逻辑关联、梳理项目相关内容、设计项目活动且使大家具有评估和风险管理的意识。在项目的逻辑框架中（见表8-1），就非常强调横向和纵向两个维度上的内在逻辑。

表 8-1 项目的逻辑框架

结果层次（目标）	绩效指标	监测评价	前提条件
目的 本项目和其他项目一起所共同贡献的更高的目标	测量总体项目（战略计划）的指标	总体项目（战略计划）的评价系统	（总目标到更高的目标）实现战略效果的风险
项目目标 项目所产生的效果由项目产出以及前提条件所导致的项目受益人的行为，或机构、系统绩效所发生的变化	效果： 测量项目投资所产生的效果、回报	进行评价所需的人力、事件、过程以及数据来源	（项目目标到总目标）在项目开发效果层次上的风险
项目产出: 项目干预。 项目所需提供的产出 结果	测量项目所提供的物资、服务	进行监测所需的人力、事件、过程以及数据来源，以证实项目设计	（产出到项目目标）项目设计有效性的风险
活动 为实现项目产出所需开展的关键活动 如果	投入/资源 按活动的预算资金、实物、人力资源的投入	进行项目实施监督所需的人力、事件、过程以及数据来源	（活动到项目产出）活动实施、活动开展效率的风险 那么

仍然是以阅读项目为例，图 8-3 就是一个常见的在逻辑框架下进行的项目的"活动—产出—目标"设计。

相较于活动式的项目设计，这套体系能够让项目团队去寻求活动之后的产出和目标结果，不会停留在完全是完成动作的环节，进而对结果有追求，并试图对其负责。但逻辑框架下也有可能产生因果逻辑被单一化的困境。

事实上，从活动到目标存在一种必要非充分关系，即投入了必要的资源、做到了必要的动作，也未必能够达到预期

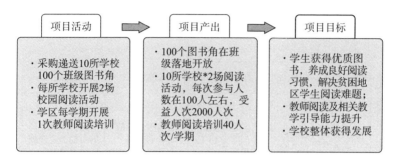

图 8 - 3 阅读项目的"活动—产出—目标"设计

的目标效果。从目标到产出，活动是不可逆向推演的，这与活动式中产生的形式化、作秀的问题本质上相一致。而另一方面，传统意义上的目标分解法也存在不可逆的状态，即实现该目标，往往存在多种方法和路径。

最终，在两种不可逆的情况下，逻辑内在的结构容易丢失，每个活动中其实存在一个或多个投入因果逻辑，且其中存在复杂的互动关系，而非只有一个。也就是说，要达到特定目标，可能需要解决一个或多个节点问题，这些问题组合起来才能够达到项目目标，每一组都需要针对性的具体模式设计来针对某个节点问题。每组逻辑都集中于一个特定环节问题的解决，这些问题组合起来才能够达到服务的最终目标，而非所有投入、活动全都是无分化地针对最终目标进行。

所以，逻辑框架更适用于逻辑简单的一些项目，如散财/基础慈善或者是流程化公共服务类项目，但这类项目并不是公益项目的全部，相反，公益项目真正发挥特长的地方在于社会服务、公共治理等几个层级的公益项目。尤其是到了第五层级，则更为复杂（见图 8 - 4），需要在行动过程中对要

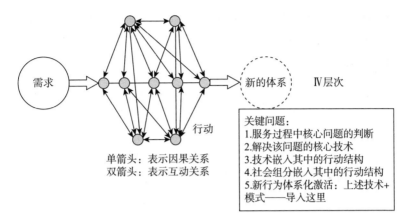

图8-4　项目背后复杂的关系（以第五层级为例）

解决的核心社会问题有明确的判断，并具有相关的专业技术，且需要将技术和利益相关方等管理嵌入具体的行动体系中，形成体系化的激活和改变。最终我们对流程化的项目管理做了改进，使得其更为关注实质逻辑，将节点问题、模式设计和专业技术嵌入逻辑体系中。

3. 扎根式

扎根式并不是说摒弃项目逻辑框架，而是真正遵循实际的项目逻辑框架和解决真正当地问题的思路，深入社区一线，自下而上地开展项目行动，注重社区受益者和合作方的真实需求。在之前爱德基金会的案例中，我们便能够看到其在走出去的过程中，一开始没有带着明确的项目流程进入社区，而是扎根到社区一线，基于社区的实际需要自下而上地挖掘需求和激活当地力量开展行动。这便是扎根式的典型做法。

扎根式在一定程度上跳出项目固有的形式化的框架，并不是为了对项目书负责，而是真正对社会问题和当地需求负责，基于社区的实际需要进行探索，给一线人员足够的自主性和行动空间。在经过前期探索后，逐渐形成更为清晰的项目行动体系，所以扎根式也是有具体的逻辑思路和项目计划安排的，只不过该计划是扎根建构出来的。

扎根式也强调及时调整与回应。这时候，如果发现超越了原有项目计划安排的需求内容，且该内容对于当前的项目进度安排十分重要，就需要对原先的项目体系进行调整。若进入具体流程化项目管理体系中，则可以通过项目调整或者设计一个配套的新项目，形成项目之间横向的有机布局，纵向上不断深化发展，形成一个系统化的项目矩阵（见图 8 － 5）。在这里，是将项目计划与管理作为服务实际行动的需要，而不是被项目流程所束缚，陷入低水平甚至是刻板教条化的流程框架之中。

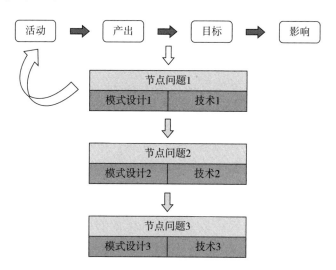

图 8 － 5　项目逻辑框架的嵌入改善

二 专业体系如何建构而成

社会组织走出去的相关能力并不是一蹴而就的，在当前，具备较强能力的社会组织走出去也都面临各个方面的挑战。对于走出去开展工作的团队来说，它们既需要有强烈的使命感，具有责任心和主动性，也需要具有很强的学习能力和适应能力，能够在陌生的环境中抓住机会，在变化之中保持积极的心态和行动能力，并且做出灵活的应对，以面对复杂的情况。

那么，当我们知悉需要在路径体系、共享价值和专业能力方面的要求后，如何建构或形成这样整体的专业体系是面临的一个挑战，其中包含但绝不限于培训、指导等，而是需要一种更为个性化的发展过程，更是需要进入真实的情境下的拓展延伸和建构，而不是表面化或者是被动灌输、形式上规划的一套流程。

专业体系的建构是一个动态的过程，并不能一蹴而就，而是需要逐渐探索和明晰眼前这条道路的。

1. 项目有机生长——通过项目"生产"知识

项目有机生长的核心是社会组织在实际过程中，从社会问题出发，开始不断发展。在这个过程中，自身专业能力逐步积累，对问题的思考不断加深，最终，社会问题能够得到深度的解决。

案例：造梦公益的创始人阴斌斌上大二的时候在朋

友圈看到一个朋友在肯尼亚贫民窟做志愿者，很受触动，也希望去看看。2014 年暑假，他在查阅了很多文献资料后，第一次踏上了非洲大陆，在肯尼亚的马萨雷希望小学（Light Center）做志愿者。他和其他志愿者发现学校的环境非常恶劣，就觉得应该做点什么。作为一名建筑系的学生，就想到要用自己的知识来改善学校环境，帮助学校重建，这个想法得到了校长的支持，于是中国的志愿者们就开始行动起来。

建学校涉及资金、建筑设计、安全、人力等多方面的问题，虽然这些学生都没有相关经验，但都一步步地走下去了。首先是筹资，利用志愿者的网络和当时深圳大学的学生陈颖婧的文案，项目启动时筹集到了 3 万元，这是重建学校的一半费用，团队想着如果后续没钱，就先建一半。后来擅长外联的芝加哥大学的学生刘佳韵加入了，帮助团队筹集到了剩余资金 4 万余元。其次是建筑设计。由于费用有限，志愿者们去和当地人学习，建筑设计采用当地最原始的材料和施工方法；由于学校没有电，为了增强采光效果，就在每个房顶设计透明板；为解决以前的空气问题，每个教室增加了窗户，把厨房设计得烟雾不会飘向教室。再次是建设，阴斌斌和校长跑遍建材市场了解基本价格，然后找到当地有施工经验的包工头，经过激烈的讨价还价，把工程造价压到预期水平。

开建之后，又遇到一系列新的问题，例如，工人缺乏建筑基本知识且不懂英语，沟通困难，常出错误且工作散漫；当地偷盗情况严重，购买的材料常在夜间被偷走；志愿者没有施工经验等。为了解决这些问题，阴斌斌让工人停工，花了一天的时间和包工头和工人进行讨论，经过协商达成了协议，建立严格的奖惩制度和监督机制，按照每天施工的完成进度发放工资；将设计图纸简化，给工人讲解；校长作为同时掌握英语和斯瓦希里语的人，做翻译。经过32天的努力，5名大学生使用7万元善款完成了这个建筑项目。阴斌斌说："当时是初生牛犊不怕虎，有很多法规都没有遵守，如通过微信筹款、没有工作签证开展工作、没有建筑设计资格却设计建筑等，要是知道有那么多法律法规的话，当时可能自己也就不干了。"

　　这个项目完成后，小伙伴们进行了反思，思考如何才能更有效地改造贫民窟，同时也遭遇了很多质疑，如是否合法，是否在作秀等。这些质疑也促使团队更进一步地思考是否要继续做下去，是否要成立组织以专业化发展。在国内注册路径无法实现后，2015年3月，团队在加拿大正式注册了"造梦公益组织"，吸引了多个国家的中国留学生参与，开展了第二次援建活动，这一次就比第一次更加成熟、高效了，合法合规，也更深入且专业了。在建筑设计上，聘请了专业的设计师，在深入分析当地环境和人文文化的基础上，不仅做单一的援建工作，还要改变教育模式，如设计了多功能活动室，课余时间学生可以在活动室里玩耍休息，周末时还可以作为周围社区的活动中心；在材料方面，由于经费有限，选择了肯尼亚天然美观而且便宜的竹子作为建筑材料；在执行方面，选了世界各地的14名优秀志愿者赴肯尼亚进行项目监管和执行，有人负责监工，有人负责财务，有人负责安全等。

建筑监督之余，团队成员还在不停地走访调研，发现深层次的问题和需求，探索更加高效且能够真正改善贫民窟教育的模式。他们知道援建项目可以短期改善学生的教育环境，但从全局来看，仍无法改变桎梏贫民窟孩子发展的恶性循环。在一次次的实践中，摸索出了更多能深度解决贫民窟孩子发展问题的职业教育和文化体育项目。在开展项目的过程中，他们还发现，维持受益人和相关方的文化自尊非常重要，需要去试图理解他们的文化，要通过时间的沉淀和交流去真正理解当地人，使当地人有被尊重的感觉。这就需要在项目设计之初把参与增加进去，让当地人能够参与进来，不是项目定了规则就可以。在6年多的时间里，造梦公益的项目层级逐渐成长起来。

中国社会福利基金会和中国红十字基金会等系统内基金会在走出去到非洲开展国际免费午餐项目的时候，就看重了造梦公益扎根非洲提供真实有效服务的特点，选择它为合作伙伴。目前，其服务已经进入肯尼亚、埃塞俄比亚、坦桑尼亚、乌干达、尼日利亚、马拉维等6个非洲国家的23所学校。

项目的起点是基于一个真实的社会问题，针对该问题，机构设计相对应的项目活动。项目设计并不是构想项目活动那么简单，而是基于对社会问题的深度洞识后完成的十分精妙的设计布局过程。这个过程有时候是无法"规划"的，它基于行动的时机和团队，会有自身的成长脉络。项目产出能够起作用是需要一系列的前提和辅助性的活动的，但这往往不是项目设计阶段能够预测得到的，这是项目最具有开创性、最具有活力和挑战的地方，也是项目有机成长中的关键环节——始终自下而上地沿着社会问题所需要的行动方向前行。

当始终围绕着社会问题导向时，项目的有机成长也就开始了，项目活动开始沿着解决社会问题的思路向深处渗透。问题的认识与解决方案都越来越精细，并且以更为具体的项目的方式呈现出来，行动者在这个过程中主动思考对策，将能利用的资源都纳入其中，不断夯实项目体系。在这个过程中，团队深度把握社会问题，根据实际情况设计和改进项目，积累项目运作层面的专业技术手段等。最终，机构形成一套系统化解决该类问题的核心项目模式。

很多情况下，项目的专业性是在探索执行过程中逐渐总结提升出来的，如果在项目设计阶段便能考虑到这么多，当然是最为理想的，但很多现实的因素可能使之前的项目设计有所局限，很难做到一步到位，设计完善。而这需要团队具有主动性，能敏锐地发现项目在执行过程中的问题，并切实地行动起来。最终实现在纵向上，同一个项目，逐渐深入，有机成长；在横向上，各个项目之间相互辅助配合，形成战略协调的格局。

2. 项目化学习——通过项目"学习"知识

很多社会组织反映走出去和专业性是"鸡生蛋，蛋生鸡"的问题，如果不走出去就无法提升专业性，而没有专业性又不支持走出去。这时，许多人呼吁政府和行业提供专业能力提升的机会。培训是一种提升专业性的手段，然而现实中却多是"参加了这么多培训，还是走不出去"的声音，具体来看，培训的内容多聚焦在路径体系建构层面，更进一步说也就是法律和文化等层面，而没有去解决真正的专业能力和价值认识的问题。

而项目化学习是一个较好的策略。项目化学习（Project-Based Learning，简称 PBL）常用在学习和培训领域，是指围绕项目构建学习的一种方法，通过提供真实的探究式活动来突出学习过程本身，让学习者参与资料收集、项目组织工作和管理等活动。学习者通过与同伴和评估者分享想法和经验，接受所有参与者和专家对成果进行评论和分析，并重新审视自己的思维。

在国际发展领域，很多知识都是开放的，有相同发展理念的国际组织很欢迎中国的社会组织去学习它们固有的经验和模式，在尊重知识产权的基础上进行模拟和发展。扶贫基金会一直在对标国际美慈进行学习和发展，美慈不仅分享自己的知识，还提供资金支持基金会的人员去项目点一线观察。GEI 在 2005 年参与国家林业局组织的代表团到秘鲁去学习保护国际准备推广的协议保护模式。学成后，GEI 组织在国内的森林、湿地、草原等不同的环境进行实践和研究，并结合中国社区中的节点问题进行了改进。在模式相对成熟后，再走出去将项目复制到东南亚和非洲等地。

在中介组织推动方面，中国国际民间组织合作促进会的中欧民间组织气候变化主题交流项目不仅组织中国民间环保组织参与国际气候变化治理相关的会议，还选拔环保组织的工作人员赴欧洲的环保组织进行 3 个月的项目化学习，在一线工作中促进专业水平的提升。2001 年，瑞士互满爱人与人组织与云南省教育部门合作，在云南成立了云南发展培训学院（现已注销），该机构招收中国的学员，对其进行为期一年的参与体验式培训，然后将学员送到互满爱人与人组织在非洲的项目地实际开展为期半年的工作，使项目官员在项目组中进一步学习发展理念和做好一线服务。这样的一些项目为我国培养了一批国际化的公益人才。

不管是项目化学习还是项目的有机成长，两者的核心都在于专业体系的搭建需要项目团队自我的行动，而不是"拿来主义"或者教条式的"生搬硬套"。走出去过程的复杂性和多元性对走出去主体提出更高的要求。面对前人的经验，我们不应一味"拿来"应用，而应结合自身情况和走出去的情境，进行自我建构。当然，这里也并不是说前人的经验和相关的外部知识不值得借鉴，相反，这是很好的样板，可以通过合理的方式进行删减与加工应用，在整个过程之中挖掘出内在的道理性原则与方法，而不是表面化的成分。

三　与合作方的关系

在走出去的过程中，许多社会组织进入当地后都是和当地社会组织合作开展项目，尤其是在没有设立代表处或办公室的情况下，更需要依托当地的社会组织。与本土社会组织的关系建构也十分关键。

首先，仍然是"人心相通"，双方之间需要相互认可与信任。认可与信任的前提仍然来自平等尊重，让对方感受到的是平等、尊重和温暖，而不再是高高在上的"给予"。若将出资方放置在一个更高的高度上，这时候传递的便不是温暖、友好，而是一种同情和优越。

其次，就是如何在合作过程中，让对方成为项目真正的主人。让对方从"要我做"转变为"我要做"的状态十分关键。这个过程是让当地 NGO 实现自身对项目的责任主体状态。一旦进入这个状态，项目将会进入更良性的互动合作轨道。相反，如果对方一直是被动地执行，和中国社会组织呈现防备甚至是对立的状态，那么项目可能会遭受"敷衍了事"或者是"阳奉阴违"，最终双方纠结在"造假"和"反造假"相互攀升的轨道之上。

在明确对方的责任主体的过程中，可以注意如下几点。

（1）一开始给对方一种期望，但不是给对方一种"财大气粗不差钱"或者"人傻钱多暴发户"的感觉。

（2）在和对方合作的过程中，传递专业、严谨、踏实的行动风格，建构双方的合作氛围，不讲空话，务实行动，专注严谨，让对方被这样的行动方式所感化。

（3）过程中，注重对方的主人感，尊重和欣赏对方，给对方参与的空间，一般来说参与及投入越多，越容易产生对项目的责任感。

（4）激发对方对项目的内在认可，把项目行动和本地NGO 的战略相结合，让他们意识到，专注于项目便是对自身使命价值的最好回应，也能够取得更好的发展。

最后，需要注重行动的有效性和可持续性。在研究中发现，比较容易在当地获得认可的 NGO 项目，都非常注重项目行动的有效性和可持续性，进入专业化轨道，关注最终的社会效果，获得持久的社会反响和影响力。相反，如果项目一直停留在表面，没有真正深入并解决实质问题，也会给对方一种"务虚"或者作秀的感觉，而对方可能也会以相应的态度回应这样的社会组织。

具体而言，包括的要点为：

（1）具有（或者在项目中不断形成）一套解决社会问题的专业化体系；

（2）学习吸纳合作方和其他组织优秀项目的运作模式和社会服务模式；

（3）结合当地社会和政策环境，发挥自身优势，形成有效解决问题的模式；

（4）发现真正的社会需求，结合当地真正的需要行动，不盲目投入；

（5）注重平衡社会服务投入与硬件支持投入的比例，尽可能使二者相互匹配，追求长期效果；

（6）着重培养受益地区当地人解决问题的能力，将项目投入的退出机制、项目结束后的综合效应纳入考量范畴，尽可能使项目能够顺利交接，以服务于受益地区的可持续发展。

四　反思走出去过程中的"假大空"

在走出去的行动体系中，有两类现象值得我们反思，其看似完美，但却掩盖一些真正关键的要素，甚至出现"假大空"的现象。

1. 第一类：理念至上，却没有专业支撑

这类组织强调理念和初心，或许它们也具有共享价值的背景，并且在走出去的过程中非常尊重对方，非常想为对方好，非常强调做事情的初心等。它们坚守自己的理念，并且积极努力地行动，甚至很多情况下我们可能也会被它们的理念坚守所感动。

类似于"只要让孩子们读书就一定是好的，所以我们一定坚守让孩子多读书的理念，在阅读推广的公益项目中一直传递给孩子、老师、校长，一定需要多读书、多读书、多读书，死磕这个理念，最后感化老师和孩子们。在这个过程之中，能多做一些是一些。"

可是，感动之后呢？

从理念出发并不是一件坏事，但这只是起点而不是全部，只是"地板"而不是"天花板"，大家需要在理念的"地板"上"真刀实枪"地回应当地的实际需求，并推进社会问题的解决，这就需要引入专业化的"公益产品"加工体系。要把理念操作出来，而不是滞留在底层的地板上。即使是在伙伴关系的建构中，我们也在前文提及了，需要专业性来使得项目行动有效、可持续，才能够获得对方的深度认可。如果社会组织仅仅是有理念的团队，到了当地却不解决问题，久而久之，对方可能会觉得它们可能是在"作秀"。

同时，理念至上是一件危险的事情，它切断了组织的专业发展道路。因为理念主导，大家觉得只要在理念的指导下做下去就一定能行，进而忽略了团队对专业性方面的追寻、成员在公益项目方面的思考和专业能力的提升。另外，还可

以理念坚守为借口，为自己的专业不足逃避责任，即："我已经如此坚守理念和全力以赴了，你们怎么还来批评我，指责我的不足呢？"

甚至，理念至上可能还会产生"道德绑架"，给包括团队内部的利益相关方一定的"道德"压力，让大家迫于这种理念下的压力而不得不配合行动，但这种压力下的行动却并不是真正适合于社会组织的管理风格的。

最终，在理念坚守中，产生了一个看似充满感动，但实际却"假大空"的场域，这里或许也有一些积极的行动，但却没有专业性，没有对效率和效果的追求，也没有项目的有机成长和专业性的积累提升。

2. 第二类：测量评估至上，却不关注"生产"过程

基于科学的询证逻辑进行测量评估难道会对项目"有害"吗？

一定程度上是的！

这个回答看似非常荒谬，国际社会一直强调实证、询证、科学公益，并在项目中引入了随机干预实验等各种科学的方法，以此证明公益项目的效果，这难道还会出问题吗？

测量评估虽然能够验证项目是否有效，但它仅仅解决评估中的关于项目动作是否产生效果这个问题，对于"项目如何产生效果""目前项目的执行效率""项目如何优化改进"这些方面的回应都可能很微弱，甚至无法回应。

某基金会曾经花费数百万元进行品牌项目的测量评估，采用的是随机干预实验的方法，且不论评估结果如何，基金会秘书长曾困惑地说道："评估报告告诉我们，我们的项目

给孩子的自信心提高了5％，这又意味着什么呢？"在这里，有两种情形：第一种情形，5％有可能是不需要怎么干预，只要随便去做就能实现了，做得稍微好些就能达到10％甚至更多。如果是这种情形，则基金会现有的项目行动效率较低，并没有实现最优解。第二种情形，5％可能属于这类干预的最高水平了，竟然有5％，一般的项目行动都不超过3％，5％实在是太棒了。所以，在这里，测量评估无法看出执行效率。

即使我们做了多次科学的测量评估，得出5％代表行业最高水平还是行业较低水平，也无法实现更深一步的拷问。5％的效果是如何实现的？基于5％的结果，已有的项目模式哪些是专业化的做法？哪些存在不足？该如何改善？这些问题都无法解决。

当测量评估无法很好地回应上述问题时，就会发现，测量评估对这部分几乎毫无作用，除了能够给大家释放一个信号——你是有效的。而有时候这个证明更多的是对于捐款人等更有价值，对于项目一线人员来说，是否有效，其到现场亲身经历便能做出鲜明的判断，甚至后者对于他们来说更有说服力。

测量评估之上的弊端在于，它可能耽误了真正对于专业产品的打造生产，掩盖了项目搭建价值链条和背后行动之间的因果逻辑。所以，科学的测量评估可能会产生另一种虚假的繁荣，让一线行动者忽略真正需要努力的方向，而沾沾自喜于已有的成绩，并自豪于该成绩获得了科学的认证。殊不知，正是这种科学使得项目错失了追求更加专业有效的机会。

3. 第三类："输入端理念＋输出端评估"的组合

更加可怕的是"理念至上"与"评估至上"这两者的结合。我们一些走出去的项目，在入口处是理念，出口处是测量评估。前者是价值和感动，后者是科学和逻辑，看似十分完美，无懈可击，以为就没有问题了。但这种"输入端理念＋输出端评估"的组合完全架空了项目真正的专业体系，留下了一个"黑匣子"，且大家还不觉得这是一个"黑匣子"，认为这已经被破解攻克了，看似科学，看似投入，但真正追寻其行动逻辑和专业性的时候，可能会不堪一击，成为追寻过程实质的"假大空"。

五　反思走出去过程中的"知识生产"

近年来，在公益行业中，以指导实践为目的而进行的行业知识生产和研究逐渐受到关注。而社会组织走出去又是一个新兴领域，走出去的相关知识生产成为大家共同关注的问题。在这个过程中，关于走出去到底需要哪些"知识准备"，如何生产这些走出去过程中的"知识"也一直在探讨积累。最近几年关于这方面的培训、交流和能力建设也一直层出不穷且备受欢迎，可见大家对此的渴求。

但与此相悖的一个现象是：那些参加培训的社会组织似乎一直在参加各种培训中；而那些真正走出去的社会组织似乎没有空参加这些培训，它们正在一线忙碌，似乎也用不上已有的培训内容。

这是否意味着实际上不需要培训和相关能力建设呢？实

则不然，事实上是本身这套培训体系在对接应用中出了问题。问题的关键在于下面两个环节。

第一，培训内容本身存在缺陷。

我们关注的一些走出去的培训，大部分的精力主要放在路径体系建设的板块，尤其是政策法律、文化、语言等内容。这部分内容也的确是走出去需要的，但是没有关于共享价值和专业能力方面的思考和探索，社会组织即使掌握了相关知识也难以走出去。所以，在这个层面，需要更为专业的相关知识内容。有时候，这些培训还不如中促会带领中国社会组织集体组团"走出去"① 一趟来得有效。

另外还有一种声音即共享价值是内在天然的，不需要培训；而专业能力涉及不同社会组织方方面面的多样化项目，也是社会组织需要自己掌握的核心生产力，没有必要也无法培训。对于共享价值来说，虽然无法通过培训来掌握，但需要让大家明白其中的内在道理。而对于专业能力来说，其恰好是培训的重中之重。不管哪种项目，都有其内在的专业生产链条打造过程，需要让行动者具有公益项目的产品意识和打造能力。而现实中，我们发现，许多公益组织并没有公益产品意识，而是陷入流程化的形式动作中。

第二，知识生产者和知识需求者的分离。

---

① 2019 年，中促会分别组织了两次国内社会组织集体对接柬埔寨和尼泊尔的行动。在柬埔寨，20 余家中国社会组织和 28 家柬埔寨社会组织进行了需求对接，达成了 11 份合作意向，涉及基础民生、医疗、教育、环保、儿童保护、志愿者交流等多个领域。而在尼泊尔，20 余家中国社会组织与尼泊尔社会福利委员会签署了 13 项合作协议或备忘录，涉及农业减贫、青年成长和就业、妇女技能、卫生公益、物资捐助等领域。

　　现在许多走出去的知识生产者并不是真正的知识使用者（包括本书作者）。而许多关于知识生产的研究，也是将资助者、生产者和需求者三者分离，这一分离制约了知识的生产到使用。

　　而知识不应该只来源于专家学者或者其他的生产者，它更应该来自一线实践，类似于我们在专业性建构中提到的项目有机成长，让知识从实践中来又到实践中去。这时，外部的其他知识生产者可以有机地嵌入进来，帮助一线行动者梳理、对话、总结，结合双方的特长而进行指导知识生产。最终，知识的源头和知识的终端能够形成一个闭环，项目的专业积累就在这个闭环体系中不断深化，或许文明的进步也是这样的轨迹。

第九章

走出去的政策格局

在厘清走出去对社会组织在专业能力、价值、路径体系等方面的要求和具体的建构过程之后，我们进入宏观政策格局之中。当下，中国社会在推行社会组织走出去的战略部署，社会组织走出去也被认为具有独特的优势。那么，社会组织的优势在哪里呢？为了发挥社会组织的独特优势，政府该如何与社会组织合作，从而产生一种合理的政策路径呢？本章便是关于相关政策的思考探究，在开篇处我们先提出三种不同的走出去模式，它们都涉及了政府与社会组织之间不同的组合关系。

一 三种模式的呈现

1. 三种模式的呈现

第一，政府统领模式。这是非常典型的传统模式，即以政府带队主导、社会组织参与的方式来走出国门，进入国际的民间交流工作中。当然这种模式已逐渐"过时"，它不但不符合国际民间交流的脉络，即便是在国内，它也背离了社会治理改革的大方向。从类型全面性考虑，我们也把它作为类型之一呈现。

第二，社会组织独立模式。即社会组织沿着各自的战略布局，完全自主独立地走出去。具体表现为，国家制定政策允许甚至鼓励社会组织走出去，但社会组织走出去是循着一条完全自主的路径，与国家和政府呈现为两种并行且没有交集的路径。理论上，这条路径易理解也易操作，但对社会组织要求比较高。

第三，政社合作的"U + B"模式。政府与社会组织以"U + B"结构组合进行合作，"U + B"结构是指政府（U）与社会组织（B）呈现出的一种特定的关系结构。其中，"U"是指顶部（Upper），"B"是指基层（Basic）。① 在二者的关系中，不仅有一些熟知的常见做法，类似于政府出资源，社会组织出做法，二者之间的目标一致，相互合作，而且还可以有诸多深层次的要求。如果能做到这些，这种模式将表现为一种独具潜力的第三种模式，它与政府统领社会组织、政府与社会组织并行独立这两种方式形成了明显的差异，并形成了该模式的独特优势，尤其适合于第三部门并不成熟的中国。

2. 社会组织的自主运作是保障其发挥独特作用的前提

在前文我们已经论述了对上负责型和对下负责型的两类公益项目模式，要想实现对下负责，则需要保障社会组织具

_____

① 赵小平、陶传进：《社区治理：模式转变中的困境与出路》，社会科学文献出版社，2012。

有自主运作的空间。其核心道理是：社会组织独立自主之后，会向"下"发现问题，看到一线的社会需求，步入不断追寻社会问题的轨道，增强自身专业性，一段时间之后，成为拥有自身专业能力的运作主体，在社会效果和影响力上远远超出行政部门自上而下来运作的状态。社会组织运作越专业、运作效果越好，人类命运共同体下的发展目标便越能更好地实现。

相反，如果社会组织走出去的项目不够专业有效，其获得当地及国际社会的认可度也会下降，甚至造成负面影响。而社会组织想要获得好的社会效果，就必须遵循公益领域运作的科学规律，进入专业化、社会化的轨道，自下而上地从社会中发现问题，广泛开展参与动员的工作等。而这套运作模式的专业性需要以独立自主作为前提才可能实现。

所以，当社会组织实现独立自主、实现专业化和社会化之后，就可以更好地和政府部门合作，而政府部门恰好需要社会组织的行动特长，这样才能实现双赢。

3. "U+B"结构理论模式的单独展开

"U+B"结构理论并非针对社会组织走出去而形成的理论，但它应用在这里却特别恰当，其精髓包括以下几点。

（1）社会组织自主运作

社会组织的自主运作是指社会组织在起点处，仍然是与政府并行的独立主体，并未与政府发生关联关系。该运作方式下社会组织显示出了自主创新、专业探索、灵活调整和多样化等特点，这些特点为接下来政府与其选择性合作打下了良好的基础。

（2）政府的选择性支持

即在走出去的领域，随着社会的发展，会出现大量不同的社会组织。它们可能走入不同的国度，开展不同的项目，呈现不同的专业性水平。针对这些前提，政府可以依据自身意愿和目标而选择其中的一部分进行支持性合作。政府选择遵循下述原理：第一，政府选择不会损害社会组织的自主性；第二，选择本身具有独特的"魔力"，它可以在基数较大的群体中选择少数组织进行合作，从而通过选择实现合作组织优化的效果；第三，选择标准明确之后可以让社会组织为了获取与政府合作的机会而努力，发挥一种"看不见的手"的激励作用。

（3）政府与社会组织形成"U＋B"结构式的合作关系

位于顶层的 U 与位于基层的 B 二者之间本来可以呈现为两种完全不同的关系，一种是自上而下的管控关系，另一种是自上而下的支持关系。接下来能够看到的是：

①U 对 B 的支持与 U 对 B 的管控并不一定关联，二者可以各自单独出现；

②U 对 B 的支持关系可以让 B 获得更好的成长；

③U 对 B 的管控虽然可以保障有序，从而保证 U 的基本目标，但却对 B 的发展有抑制作用，使整体运作的预期效果并未达到最佳。

（4）"U＋B"结构的操作要点

落实到操作层面，以下一些要点是需要遵守的。

第一，社会组织仍然占主体地位，需要保障它们的活力不变、责任主体地位不变，以使它们的优势可以自主地发挥。

第二，政府作为 U，需要向社会组织投递资源。

第三，政府资源与社会组织的特长合二为一，形成 U + B 统一的功能体系。这一功能体系实现政府与社会组织 1 + 1 ≥ 2 的效果，即 U 和 B 合二为一，形成一个功能整合型的结构。这一结构相较于 U 作为单独个体行动具有独特的优势，因此符合 U 的利益；同时，这一结构相较于 B 作为单独个体行动也具有更大的优势，因此这也是 B 的优先选择。只要 U 和 B 的目标一致，但又各自具有自身能力或资源优势，那么两者的结合便能达到双赢的效果。

第四，U 在向 B 投递资源的过程中，可以通过对 B 的选择，以及通过在投递资源之后对于 B 的独特支持，从而形成对 B 的引领作用。简单地说，U 既不是通过行政控制也不是通过政治把关来引领 B，而是通过资源支持和项目合作对 B 形成引领性作用。

综上所述，能看到在社会组织走出去的过程中，政府与社会组织两大主体之间的应有合作模式。接下来我们呈现国外的实践模式，从中可以看到政府如何通过支持社会组织的方式来实现自己的内在目标。

二　德国公法基金会的运作模式

接下来以 2018 年墨卡托中国基金会秘书长访欧项目考察团的所见所闻为例，呈现国外在政府与社会组织合作方面的经验及启发。

在德国，政府会出资支持社会组织，如政治基金会的运作资金就是国家出资。而在德国，约占基金会总数（2019 年德国基金会总数为 24000 家左右）5% 的公法基金会，其成立基金来自国家财政，而且其要通过立法程序来批准成立，欧洲被害犹太人纪念碑基金会、普鲁士文化遗产基金会等也是如此。国家的支持力度可见一斑。

以欧洲被害犹太人纪念碑基金会为例，它是为建纪念碑而设立的基金会，最初是在 1988 年，由历史学家艾伯哈特·扬克尔和出版家莉亚·罗什发起公民运动，旨在建立一个铭记欧洲在二战中被纳粹屠杀的 600 万犹太人的纪念碑。这些积极的倡议者们最早从收集街头签名开始，征集捐款，逐步得到媒体、公众直到政治家的支持，中途起伏跌宕，直到 1999 年 6 月 25 日联邦议会通过专门法案成立公法基金会，通过联邦政府预算支持，负责建设、维护和管理欧洲被害犹太人纪念碑。2005 年 5 月 10 日，纪念碑落成揭幕。目前纪念碑基金会掌管了三个纪念碑，分别是吉卜赛人被屠杀纪念碑、同性恋者被屠杀纪念碑和欧洲被害犹太人纪念碑。因此，该基金会代表了公众参与精神与国家支持的二合一。在德国，这类公法基金会并不少见。再如对帕特农神庙进行修缮，公民也可以捐款，但是国家也有一定的拨款，所有的这些工作都由普鲁士文化遗产基金会来运作。

虽然基金会接受国家财政拨款，但这并不影响基金会的独立运作。目前德国享有联邦拨款的政治基金会一共有七个，对应在联邦议会里的七个政党。政治基金会的主要功能是向公民提供政治教育，促进政治理念的多元化，提供政策建议。七个政治基金会跟七个政党的政治理念各相对应，表达相关的政治意见，国家拨款支持其理念的传播。

这种模式的特点可以表达为这样一个最简单的加法公式：政府的资金＋社会组织的运作＝特定社会效果的产生。对于它，人们有两点难以理解。

第一，为什么政府要出资？在与对方进行交流时，它们的观点是：政治基金会主要是行使教育功能，注重理念的传播和政策建议，它们为社会公共利益而成立。这一点同政府要代表公共利益的意愿是一致的。

第二，社会组织拿了政府的资金，还能够独立运作吗？这其实取决于政府出资方与社会组织的两种不同的关系模式设定。其中一种是支持性的，另一种则是控制性的。借助于资源给予，可以进入上述两种模式中的任何一种。但有趣的是，两种模式是可以独立存在的，而无须捆绑在一起。其实，正是这样一种双重轨道选择的可能性，才让社会组织可以安心地接受政府资金，而不是拒绝。

三 政策操作中的可能误区（一）

1. 政治上统领社会组织的两种方式

如果政府资助了社会组织，并试图通过它们来实现国际民间交流，那么这一行动中自然就会带有政治性印记。其可能会有两种不同的表现形式。

第一种形式，去政治化，政府通过支持实现引领。因此政府实现目标的方式是让社会组织依照自身使命专业、自主地运作。其实，在政府选择社会组织进行资助时，就意味着社会组织的方向得到认可，无须在其运作之外再叠加一层新型的政治话语。在这里，"U＋B"结构的优势便体现出来：在政府身上主要是目标定位、对社会组织的遴选，而社会组织则依据自己本来的共享价值、目标、专业能力和自身责任主体身份专注于运作。

第二种形式，强调将社会组织政治化。在这里，政治目标的保证不再是政府选择社会组织，发挥社会组织作为专业主体的特有作用即可，而是在此之上叠加一层政治话语和政治目标，甚至让社会组织在内部运作中也嵌入这层政治目标，在一定程度上是将社会组织政治化。

2. 理论分析

对两种不同的类型可以在理论上进行效果比较。

（1）信仰体系与共享价值的差异：唯一正确性 VS 无限包容性

前文讨论过，信仰基督教的人和信仰伊斯兰教的人可以在同一家公益组织和谐相处、共同追求公益目标和价值。这时，不同信仰的人共同认可的部分是共享价值，即大家都认可人作为人本身的价值。

与此同时，两个不同信仰的人在其背后各自的信仰体系中说法或解释并不一致，当他们各自指明其教义，可能会发生观点冲突或矛盾。从中可以看出信仰体系和共享价值体系有怎样的关联和差异。可以简单地这样描述：每一个主流信仰体系追求的核心内容都是人本身的共享价值，但为了让自身的信仰价值更有体系，更权威，更能代表根本性的规则或真理的发源地，于是上升为系统化的教义体系。所以教义体系是比共享价值位置更高、理论性更强、体系化程度更深的信仰体系。因此，在同一个教义之内，他们会围绕这份信仰性的教义而高度凝聚起来（同时他们在这个体系内是具有排外性的），但在不同的宗教派别之间则唯有求同存异、选择共享价值才能够形成融合关系。

《三杯茶》一书讲述一个来自基督教文化腹地的人到伊斯兰核心区域去做助学支教，如果他秉承或推广的是其背后的教义或信仰体系，他与当地人之间一定会发生根本性的价值冲突，但如果他聚焦的是如何让孩子们有学上、如何让学校尽早地建立起来，便会由冲突转化为价值的共享。

信仰体系与共享价值在外观上的区别还可以表达为唯一正确性与无限包容性两种不同方式的对立。对于信仰体系来说，宗教教义具有唯一性，违背便是错误。但如果谈论的是共享价值，其中的容纳程度便具有无限性。它不再拥有对错的唯一性，而是所有不同国度、不同民族、不同信仰的人走到一起都涉及的共同价值目标。

在国际交流中，如果必须坚持价值信仰体系一致才有继续对话的空间，则会进入求异存同的零和空间；而如果坚持大家追求的目标都是人类的共同富裕、共同发展、共同幸福，便可以抛开背后价值信仰体系的差异进入共享价值一致的求同存异的轨道。这两条不同路径的差异，正是政府统领与政府"U＋B"结构式的支持这两种模式间的差异。

（2）信仰体系与专业化运作的对比：唯一正确性 VS 客观中立性

这里的信仰体系与上面说的一致，即仍然是我们内心在最高价值层级所坚信的是什么，对于宗教信仰者来说便是其教义。信仰体系有价值对错的唯一性，由于信仰体系在价值层面上位于最高层，在对错体系或规则高度上也位于最高层，我们就会把它当成是唯一正确的，以及个人在情感、归属感上维护的内心坚守。

与此形式对比，在当下的国际交流中，社会组织的运作体系是从共享价值出发上升到专业化运作。专业化运作是以另一种不同的方式来看问题，它没有先天的绝对对错，而是强调科学实证，首先抱着客观中立的态度来吸纳基础信息，然后使用理性的方式来处理信息，用批判性思维来重新建构这里应有的结论体系或运作逻辑。

由此，我们能看到价值信仰体系与专业运作体系的本质区别，即唯一正确性与客观中立性的区别。

客观中立性包含开放的信息吸纳和批判性思考。当社会组织自主运作、回归问题本源、发挥专业优势与特长时，带有理性思考、批判精神、开放胸怀的专业运作将成为主导格调。相反，社会组织仍然坚持自身信仰体系时，则会形成运作体系中具有信仰唯一正确性的格局，并以此展开行动，例如某些宗教慈善组织。

信仰体系和专业运作体系产生交集时，会出现表面上的张力和路径上的不同，如何处理好这两种完全不同的路径判断与价值选择模式，是当下社会组织走出去的过程中，政府与社会组织合作中的一个重大挑战。

3. 在政治上统领社会组织的新方式

（1）潜在张力及消除方式

依据上述分析，信仰体系与共享价值之间存在唯一正确性与无限性的对立，信仰体系与专业化运作之间存在唯一正确性与客观中立性的对立。政府与社会组织不同的合作方式会产生不同的效果。

回到三种关系模式中，尤其是第一种统领模式和第三种支持模式间，可以自然推测出当政府在政治维度上统领社会组织时，就会出现价值体系与专业体系上的明显冲突；相反，当政府以"U + B"结构的方式来选择和支持社会组织，并运用社会组织的优势而间接实现自身目标时，则会将这份冲突消除。

（2）政府体系未必擅长于"U + B"结构的方式

有时候政府已经意识到了症结所在，但在传统国家主义思维模式和行政运作惯性的驱使下，其或许更倾向于以一种发号施令的方式来将社会组织纳入进来，即便在政策轨道、组织运作等方面并没有给社会组织实质性赋权，但是二者之间的身份差异以及行政权力差异可能会使政府系统自然进入行政统领轨道，一旦进入这个轨道便会在价值上产生唯一正确性与无限包容性的冲突，并在解决问题的行动方面产生唯一正确性与客观中立性的冲突。

（3）一些可能出现的问题

在社会组织走出去的过程中，政府与社会组织领域的确出现了一些如理论预测这般的倾向与趋势，尤其是一些将社会组织政治化的典型动作，将可能产生适得其反的效果。这里列举几种现实中可能出现的情况。

①在目前国内的社会组织章程示范文本中，要求将党的建设的相关内容作为其中的一个必备选项纳入其中，而这使得走出去的社会组织披上了一层政治外衣，反而不利于其进入许多国家开展公益行动，容易被对方打上政党背景的标签。

②政府部门成立或发起一些社会组织，并将其政治化，不同于德国案例中的方式，而是以一种政治统领的方式开展

行动，在走出去的过程中，或许短期内能获得某些国家政府及部分社会组织的认可，但事实上可能换一届政府或者是没有资源了以后，其行动便会中断，在当地没有达到预期效果。

四　政策操作中的可能误区（二）

1. 政府行政体系与社会组织的关系模式

以上部分讨论的是政治，这部分将讨论行政。在行政方面，依据前面建构的"U＋B"结构理论，政府与社会组织有两种关系模式：一种是 U 对 B 的支持模式，另一种是 U 对 B 的管控模式。在以下分析中会看到两种模式将产生的不同效果，这一点同既有的理论结论是一致的。

2. 理论分析

（1）工具目标对实质目标的分野

行政体系运作特点：政府体系的每个部门、每个层级都是实现整体功能的一个环节、一个部分，往上追溯，有对它们发号施令者，其中既包含要做什么又包含该怎样考核。这类组织的特点其实就是科层制组织所表现出来的典型特征，在其中，一个原本完整且鲜活的社会目标具体落到某一层级或某一部门时便会转化为一种工作任务，该部门人员需要对该任务负责，条块分割，层级明确，切忌越权行事。

若某政府部门负责推动支持社会组织走出去，即便其目标是遵循共享价值的规律实现民心相通，但政府操作也会带上自身作为行政体系的"烙印"，受限于行政逻辑和工作要

求。这个行政体系"烙印"简单来说，是将一份原本是实质
性的整体目标转化为分解的工具性目标，或者任务明确的目
标。最终，每个部门或岗位要完成的是一份任务而并非完整
的深层次目标。在分解后的任务框架下，内在的理念认同与
坚守、灵活性、创新性和目标完整实现程度可能都会受损，
最终更类似于一个个分解后的任务动作完成情况。

例如，某高校教育基金会选派本校大学生组成文艺团队，
进入非洲某国进行文化艺术交流，并期待通过交流加深彼此
的了解、促进彼此的感情。而艺术本身就可以超越民族和国
家实现共通。该行动有两种不同的思路。第一种思路，将其
作为完成上级对文艺队指派的一份光荣任务，于是把大学生
的选拔、文艺排演、风采展示都看作工具与手段，把获得对
方的好感作为最终目标，进行有目的的行动。第二种思路，
由于艺术本身就具有共通性，它本身就是目标，在其中尽情
地展示艺术即可，大家在艺术中尽情地展现自己而不是带有
工具性目标，自然形成人心相通的交往。

继续往深层次探究还可以看到，尽情艺术展现的背后还
可以打上民族色彩的烙印，以引起对方的好奇心，使对方继
续深入了解我国艺术文化，并在了解的过程中相互理解和加
深双方感情。我们的目标就是展现艺术，而至于由此所产生
的了解与共鸣等则是艺术展现后所自然产生的效果。

因此，当执行走出去目标的机构是科层体系的某个环节
时，与它自身是独立自主的主体还是有差异的。但如果采用
"U＋B"结构的模式，则可以避免行政体系中将实质目标转
化为工具目标的劣势。其中的操作原理是：行政体系自身存
在短板，可以通过选择和支持社会组织实现目标的方式来

"取长补短"，同时支持社会组织把政府部门的资源和目标等优势嵌入进来。"U＋B"结构模式结合了政府和社会组织两者的优势，可以更好地实现目标。

（2）支持与管控之不同

政府和社会组织之间有两种关系，一种是支持，另一种是管控。政府部门可能更习惯以管控的方式来对待社会组织，丝毫不用奇怪，这是一种巨大的惯性，哪怕社会组织是独立于行政体系之外的。

一旦进入管控轨道，社会组织的行动空间就会大大缩小，若社会组织依照政府下达的行动方式来执行一套外在指令，社会组织自主性受限，那么专业性发挥的空间便会受到挤压甚至逐渐消失。

在这里，我们回溯前文提及的社会组织走出去的过程，其核心要素包含共享价值和专业性，专业性发展需要拥有充分的自主空间，而只有将政府对社会组织的管控转化为支持才能避免问题的出现。"U＋B"结构模式中政府对社会组织的支持表现为给社会组织自主性空间、充分尊重社会组织的专业性，而政府只是在此基础上叠加资源优势，让社会组织可以沿着自身脉络展开行动，这样即可收获最理想化的社会效果。这种模式甚至可以形象地形容为政府对社会组织的根部进行浇灌，然后"静待花开"，最后进行收获即可，而不需要继续延用政府长久以来的管控方式。

3. 一些可能出现的问题

这里讨论的是行政维度。同上一部分讨论的政治维度一样，政府自然有其倾向性的做法，但这些做法同样可能出现下面这些问题。

①自上而下摊派任务式地要求一些社会组织开展国际项目，或者是参与国际网络，这些被分配到任务的组织也以完成任务的状态进行布点或者参会，但可能并没有达到任何民心相通的效果，甚至适得其反。

②开展对社会组织走出去的项目资助，但在资助过程中过度介入、过度管控和干预项目过程，使得社会组织自主空间被压缩，专业能力发挥受阻。

③政府发动组织某个行动，在领导的重视下运动式地发动一群人，行动看似很热闹，但不看效果，或者是虎头蛇尾，或者是没有充分铺垫准备却强行推进。对方国家相关方或许有很高的期待，但最后反而更加失望。

五　支持型政策探讨

给社会组织自主发展专业性的空间，最终将产生对下负责型项目，其通过社会化运作的手法获得受益方的认可，开展公益项目，并对受益人的发展形成可持续的影响。反对政府系统的管控干预是指反对对项目实施过程、项目落地和项目宣传等的直接行政干预，这种干预不仅不利于实现原先的目标和公益组织本身的成长，也容易落入国家利益论的舆论旋涡。

另外，政府部门并不是不作为，而是需要给社会组织提供包括政策、资源等方面的支持，尤其是在当前急需政府政策等方面的支持来扫清一些涉及社会组织走出去的路径障碍时，具体而言，可以在以下三个方面展开行动：一是改善

"营社环境"，扫除公益项目运作的障碍，让社会参与的热情能够发挥；二是加强社会组织法律、财务、咨询和评估等第三方服务机构的国际化能力和国际网络的建设，使它们有支持社会组织走出去的能力；三是通过专项基金支持社会组织走出去自主发现需求或探索项目。

1. 改善"营社环境"

"营社环境"概念参考自世界银行提出的"营商环境"概念。"营社环境"包括影响社会组织活动的社会、经济、政治和法制等，改善"营社环境"需要强化跨部门的协调机制，并推动法治化和国际化，构建一套有效、公平、公正、透明、符合国际惯例的具体法律法规和监管程序。国家在改善"营社环境"时采用了自下而上的模式，听取中小企业家的心声，集中破堵点、解难题，提高政务服务的质量。那么，当前社会组织走出去常见的堵点和难题有哪些？

（1）社会组织注册难的问题仍然存在

2013年以来，民政部门开始推动行业协会商会类、科技类、公益慈善类、城乡社区服务类登记管理和业务管理一体化，规定可以向民政部门"直接登记"。自从直接登记政策出台，各地对此政策的实施情况不同，近年来全国大部分地区已经实际暂停了直接登记，即社会组织登记必须要找到业务主管单位（业务对口民政部门的慈善组织可能略有松动，可以直接登记）。自下而上成长起来的社会组织面临难以注册的困境，而对于已经注册的社会组织，在业务范围中增加国际发展的业务也难以成功。

案例1：Z公司是一家在美国孵化、在非洲成长的中国大学生参与国际发展的社会企业，机构近些年来曾经尝试过在上海、北京、成都等地注册成为社会服务机构，均未能成功。P基金会是一家在省级民政局直接登记的基金会，在非洲和东南亚开展人道主义危机和环境危机救援的活动，曾经尝试在业务范围中增加国际发展的业务和环境危机救援的业务，但被告知如果涉及国际合作就需要去找外事部门作为主管单位，如果涉及环境就需要去找环保部门作为主管单位。最终该机构并未找到新的主管单位。

这种注册上产生的问题，不仅体现在中小社会组织身上，还制约了中国的社会组织参与国际治理。在国际上，很多国际组织并不是哪一个国家的组织，常常发生秘书处所在跟随秘书长迁移的现象，有时国际组织的总部也会发生迁移，而目前我国国际性社团的登记注册也十分困难，必须在民政部登记注册，且需要部级部门担任业务主管单位，并报外交部，报国务院同意后才能进入受理流程。

案例2：B联盟是国际某行业的顶级协会，联盟成立50多年来，秘书处一直设在欧美国家，随着近年来中国在该行业的发展和学术贡献的增加，中国代表当选秘书长的呼声很高。B联盟的中国会员协会向民政部门咨询注册的问题，得到的登记流程为：组织需要作为新成立的组织进行法人组织登记，针对组织性质（非营利组织）、落地后的作用等内容请示业务主管单位，业务主管单位出文与外交部协商，报国务院，同意后转民政部受理，办理登记手续。境外组织需承诺不会再存在主体，如果对方不同意，可以到公安部门申请注册联盟北京代表处。后在国际会议上，中方代表顺利当选为联盟秘书长，并提交了将联盟秘书处移至中国的提案。提案中的申请流程不符合国际惯例，引起了其他国家代表的警觉，他们怀疑中方的动机。其后的几次联盟会议上，几个国家的代表提出要制衡秘书长和秘书处权责的要求，在华注册登记的相关事宜后续无法再推进。

（2）设立分支机构审批难

相较于国内的政策环境，在海外成立社会组织相对较为简单。缅甸被称为社会组织的天堂，尼泊尔是国际组织的聚集地，埃塞俄比亚的"营社环境"也相对友好。当前制约社会组织走出去的主要因素是经费问题和国内主管部门的审批问题。目前关于社会组织海外分支机构的设立和取消还缺少相关的法律法规，民政部门2018年发布的《社会组织登记管理条例（草案征求意见稿）》中第五十条写明社会组织可以在其登记管理机关管辖范围内设立分支机构和代表机构，然而登记管理机关管辖范围的解释空间较大，仍有很大的不确定性。

（3）监管标准不明确

虽然在现行的法律框架下，社会组织走出去开展项目或依法公开募捐没有受到限制，但在实际操作过程中，由于缺乏明确的监管标准，各地民政部门对于社会组织走出去的底线标准、备案标准和违规标准并不明确。社会组织常常存在做好事怕处罚的心态，开展国际援助缩手缩脚，害怕年检受影响，害怕免税资格受影响，害怕互联网募捐备案批不下来。另外，《中华人民共和国公益事业捐赠法》在捐赠和受赠方面的条文未对境内捐赠人捐赠给海外组织进行设计，在法律责任方面也未对通过海外捐赠转移资产或走私等行为进行法律约束。

底线处的监管标准就像是社会组织开展服务的地板，没有这个地板，社会就无法发展起来，而该领域又涉及多个部门之间的沟通协调，使之更为艰难。所以，当前急需多部门协调，明确相关的底线监管标准和报备程序等。

案例：韩国国际合作机构（KOICA）通过与社会组织合作的方式支持韩国的社会组织在非洲和东南亚开展项目，项目的监督标准不明确，每次 KOICA 接受审计之后，都会发布新的监管标准并涉及以往的服务，要求提供大量的项目资料，给社会组织带来了很大的困扰。韩国一家社会组织的负责人说应付这些变化往往需要一个员工。

（4）涉企优惠政策难以惠及社会组织

社会组织除了非营利性和公益性的特点外，在服务和管理的过程中与企业同样面临方方面面的问题，如雇佣、培训、职称、进出口、外汇、物业等。在我国，社会组织在面临涉及各部门的业务时，常不能享受各部门针对企业主体提供的诸多公共服务和优惠政策，虽然很多政策本意并不是特意排除社会组织。

案例：在新冠肺炎疫情期间，各地出台了大量的扶持中小企业的政策，如减免房租、减免社保、发放稳岗补贴等，而这些政策由于社会组织不是企业均无法与企业同等享受。在北京，社会组织享受的社保减免优惠政策与大规模企业同样低，而稳岗补贴则无资格申请。

解决这类问题有两种途径：途径一是由一部门组织调研，与相关业务部门和财政部门会商出台专门针对社会组织的政策；途径二是请各部门出台政策时公平对待各类市场主体，兼顾社会组织。

2. 促进社会领域中介组织健康发展

政府的职能转变是建立健全我国社会治理体制的一个重要目标，要真正有效地实现政府职能的转变，完善的社会中介系统是必不可少的。政府要打通公益项目运作的通道，提升公益项目的专业性，需要培养社会组织法律、财务、咨询和评估等第三方服务机构的国际化能力和国际网络的建设能力，使其能够服务于社会组织走出去。

社会组织的非营利性、公益性和专业性问题就要求这些第三方服务机构具有社会服务和非营利组织管理方面的专业性。而在2020年，国家国际发展合作署发布《对外援助项目咨询服务单位资格认定办法》，其中对于项目咨询和评估咨询单位的资质限定了具有工程咨询单位综合甲级资信评价标准的要求，忽略了非工程类特别是社会服务、国际发展等专业的价值。

3. 设立社会组织国际创投专项基金

目前，自下而上的社会组织在人心相通和通过专业服务参与国际治理方面有很大的潜力，但缺少资金的确是制约社会组织走出去的一大难题。国内的社会组织还很弱小，项目模式成熟的极少，欧美契约式的政府购买服务在此阶段不仅不能促进社会组织的发展，还可能催生出"劣币驱逐良币"的现象。

> **案例：**某政府组织政府购买服务项目的优化会议，领导在会上对项目提出要求，项目书中需精准地列出未来一年每天上、下午分别开展什么活动，现场的社会组织和专家都说这个要求不合理，但一家有装修公司背景的社会组织说我们可以做到，并很快提交了一个方案，领导非常满意，并让其他社会组织向这家社会组织学习。其他的社会组织也很弱小，只能跟这个"榜样"学习。最后"优化"出来的项目都动作丰富，没有目标。

根据当前社会组织的发展水平，政府对社会组织的发展可以采用创投的方式，通过专项基金支持社会组织或青年志愿者走出去自主发现需求和验证项目模式，并通过中介组织给予支持。待社会组织项目模式成熟后，再探索契约式的购买模式。

第十章
归总：社会组织走出去问答

这个章节将通过快速问答的方式把本书的核心内容做一个概要性的归总，同时，也回答关于社会组织走出去的一些关键性问题，让人们对社会组织走出去有一个整体性的认识。

一 为什么要选择走出去？

有些人追求自己的人生价值，把自己的价值定位到对他人有所助益的基础上。例如，走出国门的蓝天救援队队员常年开展人道主义救援工作，追求的就是这样一分价值，为此他们可以在救灾一线不眠不休。再如，造梦公益组织的青年学生，多年在非洲国家开展支教、援助和志愿服务工作，追求的也是这样一分价值。造梦公益是由几位当时还在读书的大学生发起成立的，他们这样表达自己的内心感受：正在上大学的自己，对未来充满了迷茫，看到非洲贫民窟生活的点点滴滴，受到很大的触动。虽然稚嫩，但他们行动起来，运用自己的知识改变了当地一些人的状况，并逐渐找到了方向。

说法一：这些人是在追求自己心中的理想人生价值。

说法二：这些人把能够帮助他人当作自己价值实现的现

实路径。他们这样做是忠诚于自己的内心，不需要有别的理由。

或许这就是公益或者利他主义的独特魅力，不分国别、民族、信仰，而是人们内心关于自我价值的追求。当然，走出国门还会开阔行动者的视野，让其站在更高的高度上；还会让其心胸更加宽广，不再局限于自己。这是追求自我发展的重要一步。

有时我们难免会陷入工具甚至功利主义的角度来看这件事情。这时的问题就会是：为什么给素不相识的人如此这般的帮助呢？为什么不将有限的资源递送给身边的人呢？其实这些走出去的人用实践中的感受告诉我们，当今社会，人的发展格局已经突破了简单的物质利益层面，以及简单的自己人范围，当今时代提供的展示自身价值的层级已远不是过去所能想象的。或许我们并非那么高尚，也并非那么有高远的前瞻性，或许我们只想对远方遭遇贫困的人伸出援手，就是这么简单，即便如此，其也体现出人性中所包含的善良与美好。

而且即便从共赢的角度讲，这样一种走出去的做法也是最佳路径选择。

二 先走出去的是什么人？

先走出去的同样是社会中的常人，但他们并不是社会公众的全部，而是公众中"我愿意出去帮助别人"的一部分人。他们的选择代表着一种最基本的选择权。最终，他们组织起来以社会组织的形式从事走出去的工作。所以，他们并不等同于政府，但与此同时，他们也并不等同于公众的全部。

人和人之间是存在差异的，当今社会也接纳不同人的多元选择。你可以赞同社会中这一部分人的选择，同时，当你的观点和他们并不一致时，只需尊重他们的行动。

三　先走出去的人，他们的特殊贡献是什么？

不同民族、国家之间可以位于价值共赢点上，也可以位于价值共输点上。二者相互平衡的水准越高（越靠近共赢点处达到平衡），双方就越受益。但有时候，平衡水准并不受制于事前理性的抉择，因而，大家之间的价值共赢点完全可以平衡在相对低下的水平上。低平衡点也会自洽，甚至当以打击对方时的"杀敌一千，自损八百"为目标时，也并不会觉得不妥。

在这种背景下，少数先行者的行为就可以明显改变既有的平衡，由他们所带来的收益不仅会落到受益者和行动者身上，还将落到两个国家的整体层面。一旦平衡点由此得到改变，将会在新累积的共赢处获得新的自洽。

从整体上说，一个国家的政府有理由基于理性去追求更高水准的平衡点。但与此同时，政府有时很难操作出来更高的平衡点。在当下的国际交往中，社会层面的互动越来越不可替代。例如，只有落到社会层面，共享价值才能实质性发挥作用，因为这是用人与人的相互交往来实现的，并不是在政府行动层面上所体现出来的理性、战略性与策略性。

四　先做好国内还是先走出去？

该问题的现实基础是，有的社会组织是在国内有一定积累、项目模式已经成熟的基础上再走出去的；而有的组织则是反过来的战略，在它们还没有形成自己的一套完整解决问题的方案时，就开始走出去。后者认为只要走出去就可以带来声望和机会，但其实后一种想法一定程度上是错误的。

走出去要求三位一体，即能够探索出相应的路径，有共享价值的理念，最关键的是有解决问题的专业能力。而在公益组织解决社会问题、进行社会干预的过程中，这是一个十分具有挑战性的话题，即便当前国内社会组织已经快速发展起来，但那些真正能胜任社会服务和社会治理工作的组织仍然寥寥无几，它们在这种情况下走出去会遇到十分艰巨的挑战。当然也有例外情况，即走出去做的是第一层级的公益项目，这个层级难度系数较低，往往只需将目光集中于当地需求、拥有自身特有的资源并且遵守共享价值准则即可。还有极少数的情况，公益组织的发起人本身具有丰富的海外项目经验，这时或许可以一开始就尝试走出去。但整体上，国内是一个进行项目先行运作探索形成自身优势的良好成长场所，所以通常情况下，是先在国内行动后走出去。

五　走出去需要有本心或理念吗？

本来这不应该是一个问题，走出去就是基于本心或理念，即内在动机就是要帮助别人，在本心基础上或者有资源特长，或者有能力特长，或者二者兼而有之，然后走出去开展行动。但在国内社会组织的运作中，一些组织基于获得声望、名誉或话语权等动机而走出去。

如果社会明显划分为两个层级，并且顶部重、底部轻，人们就愿意通过各种渠道（哪怕不择手段）快速上升到顶部，获取名声，让更多的人知道自己。但相对来说，在走出去的过程中，在国际民间事务交往的场所，顶部层级比重会下降，实质内容就会转化为社会底部的交往。当然这里也还会涉及顶部交往，也涉及政府和政策等，但或许与国内环境差异较大。而且即便是在国内，社会也正快速发展与变革，因而那种仍然带有惯性思维、习惯通过走出去来获得声望等的行动将越来越不合时宜。

六　走出去的资金从哪里来？

之所以提出这一问题，是因为这里特别想强调前文所谈到的"U + B"结构模式，即政府通过资助依据其特定标准而选择出来的社会组织，实现自身目标的做法。这样会产生社会组织与政府的双赢结局。在这一过程中，或许政府的选择性资助是一种重要的行动方式，也是社会组织获取资源的重要途径。

而在当下，距离这种理想模式的实现还有两重障碍：其一，政府在政策上对此现在只能说是在逐渐实现，实质性支持力度还无法明确；其二，社会组织本身的能力问题或许是最大的瓶颈。如果在全部社会组织中都很难选出适量的有胜任能力的组织，理想模式将无法实现。

除了政府资源外，企业、一般公众、其他基金会的资助等都可以成为走出去的资金来源，这和国内公益项目的资金来源实质上并没有明显区别。

七　只有部分资源而又想走出去时该怎么办？

在某次走出去的论坛中，有不同机构同台对话，由于机构类别不同，所拥有的专长或优势不同，其中有的机构拥有体制内的资源和政府支持，有的机构拥有资金资源，还有的机构虽然规模小但理念坚定、执行力强。将这三者放在一起就可以发现，它们有潜力形成整合优势。一旦做到有效整合，一同走出去会产生比它们各自单独行动的效果累计要好得多的效果，即 $1+1+1>3$。具体来说，有的机构拥有资金资源，有的机构拥有行动力和专业性，二者结合就可以形成资助型基金会与运作型公益组织合作的模式；或者，有的机构具有体制内的资源支持，有些组织则拥有具体执行与运作的通道、经验与手段，二者结合也将产生巨大的潜力。当下，在这些组合建立起来之前，最需要的工作或许是建立特定的对话平台以及一些特定的资源整合机构。

八　为什么人心是最重要的？

我们让七家走出去的典型的社会组织对人心、专业性和路径三者进行排序，最后的排序结果是：有四家组织的排序是"人心—专业性—路径"，另外三家的排序各有差异，包括"专业性—路径—人心"、"路径—人心—专业性"和"路径—专业性—人心"。

总体来说，至少在这些公益组织里，大部分认为人心是第一位的。尤其是那些有落地实操的公益组织更是如此，它们几乎全部把人心放到第一位。其实，人心就是共享价值。那么，为什么人心是最重要的呢？

第一，人心是最重要的通道。走出去的过程需要建构通道，而人心是最重要的通道，它能让两个国度的人打破最大的障碍，建立最深层的联系。一旦人心相通，剩下的法律、政策、习俗、信仰都将成为辅助性的次要因素，甚至有时候一些不小心的无意冒犯也无伤大雅。而如果人心不相通，人们就会关注具体的交往形式、注意事项，甚至会担心是否会因为吃饭等的礼仪问题而冒犯对方，这时候要打通的障碍就会俯拾即是。

第二，人心是最大的专业。虽然专业性也有其独特的区别于人心的含义，但是一旦人心相通，就会为专业性打下最厚实、最有分量的基础。例如，在扶贫发展工作中，人们最担忧的就是因为帮扶而"养懒"，因为扶贫造成对方的依赖。但是爱德基金会的人员在其行动过程中却发现，他们从来没有触碰到任何关于这方面的难题与风险。他们甚至怀疑"养懒"是一个人为杜撰出来的概念。为什么会有如此差异化的结果呢？这是因为他们的运作手段中有着某些独特的要素，使其自觉不自觉地绕开了"养懒"与依赖这一节点问题。而实质上，恰恰是因为他们与对方人心相通，才让对方也和他们在深层次呼应起来，并产生了人心上的共鸣和尊严感上的唤醒。于是大家目标一致，共同行动，"养懒"这样一个专业性方面的难题就被不自觉地化解了。至于更多的专业性方面的挑战可以沿此脉络继续解决，有了良好的起点，后续挑战相对就更为简单了。

九　人心为上为什么是最大的共赢？

本书一直提倡人心的重要，提倡共享价值的核心地位。这远远不是一种道德或理念视角，而是基于理性思考提倡的一种真正的共赢。

首先，从帮助对方的角度讲，人心与共享价值一样，是最佳的开路先锋，它引导我们顺利地进入核心目标地带。但其实，在此之外，共享价值还可以带来更大的利益收获。

其次，按照本书中的理论，共享价值的比重增加，取代的是正误唯一式的信仰体系。这份取代十分重要。若任由传统信仰体系自由发挥的话，我们或许会追求信仰的唯一正确性，或者彻底征服对方，或者陷入因为冲突而难以和谐共存的境地。

而随着共享价值比重的增加，社会组织走出去的路径会是共享价值取代传统信仰价值。接下来，共享价值会走向专业体系，并进一步取代正误唯一式的传统信仰价值体系。

最后，共享价值比重的增加使得大家之间的利益关系比重下降。即使是走出去的商业公司，若想取得很好的共赢发展，那么利益关系也会由冲突对抗型转向博弈型，最后转向契约基础上的共建型，这是一阶又一阶的质变性进步，其中所蕴含的价值释放量是难以估量的。

十　为什么共享价值是给对方最大的帮助?

共享价值能挖掘出走出去开展发展援助的最大价值，为什么?

首先，即便走出去是递送最基本的生活物资，但在物质帮助以及有好情感之外，完全可以额外叠加一分新的价值，它可以是平等、接纳和尊重，可以是高端层级的共享价值（人的尊严与发展，详见第四章）。这样一份叠加不需要额外的成本。

其次，这分叠加的价值甚至比初始的物质帮助更有分量，它实际上为每个人都无条件地赋予了一分人格价值。这分价值是如此珍贵，以至于我们即便解决了温饱问题都未必能够获得，甚至可以将其作为人生追求的最高目标。如果在助人者的心中，对方的确是一个有价值、有尊严感的生命，其在与对方的互动中将其表达出来，就可以最简易的方式让对方拥有自我价值感和尊严感，或许这会比他们自身穷其一生去追求的路径要有效得多。

最后，走入共享价值的轨道是一个标志，它意味着行动者不是借助于助人而将某种自身利益遮掩着实现，相反，助人本身就是目的。

十一　为什么需要专业性?

专业性经常是一个令人望而生畏的概念，这里需要将它落至地面。实际上，公益项目的五个层级，每个层级都有自己独特的专业性要求及具体内容。第一层级，在递送物资的过程中，专业性的难度系数并没有那么高，其中存在如何避免"养懒"、如何让对方有尊严感、如何通过给予而让对方更主动地行动起来等节点问题。解决这些问题的能力便是专业性，而且有时可以通过共享价值而附带解决（见前几个问答）。

至于公益项目的第三和第四层级，则进入了社会干预的核心领域，对专业性或社会创新的要求就格外严格。通常，共享价值是有效行动的前提，但仅有这一起点并不够。在共享价值的基础上需要探索如何给人有效地提供社会服务，让他们真正受益；需要直面服务对象深层次的心理支持与社会支持问题；需要学会让服务对象参与进来实现自我管理、自我服务、自我发展……这些方面在国内公益项目运作中本身就是极大的挑战，走出去同样如此。如果行动者愿意往深度的社会干预方向前行，可以在这些方面相互交流学习，让走在前面的优秀组织的经验能够助益于其他公益组织。

十二　在求同存异的战略定位中，专业性意味着什么？

不同信仰背景下的人，共同点是共享价值，差异点是共享价值背后的信仰体系、传统文化、民族情结等特殊性的价值成分。求同存异的过程实际上是先强调共享价值的共鸣，然后保持各自背后信仰体系的差异性，即和而不同。

但随着社会从传统发展到现代，人性的解放是一个不可逆转的趋势。人们不但自身的生命得到尊重，而且管理自身事务的责任主体地位、权利主体地位也开始逐渐归位。这实际上意味着人从信仰体系中独立出来的成分在增加。尤其是随着科学和理性成分的出现，人们对于外部世界的认识在深化，对外部世界的掌控感也在增强，于是，人们对传统价值的依赖进一步降低。

但是，这并不一定意味着现代社会的诸多成分就能彼此和谐，另一种结果是，人性可能已经解放，但社会或许产生意想不到的问题，如社会学家所揭示出来的"理性的牢笼"问题、利益裹挟问题等，或者社会的碎片化与社会的割裂问题等。而人在走出去的过程中，还会遇到这样一个至关重要的问题：沿着共享价值，我们与另一个民族国家能够一同走到哪里？

其中一种情况是，我们只能携手走出一小段很近的距离，再往前就会遇到共同行动的难点。通常在这里，想要真正解决同行难点，要么发展专业能力，要么需要退回到宗教或信仰体系中寻求力量。在后一种情况下，双方的差异性就会表现出来，从而无法进一步合作；但若发展出专业能力，双方就可以沿着既有的重合轨道深化前行。简而言之，专业是对传统价值的置换，并且构成不同民族、不同宗教的共同语言。

最终结果是，专业性成了求同存异发展脉络中背后的关键模块，随着它越来越被开发出来，我们"异"的那种成分比重会越来越低，而在专业性这一轨道上会变得越来越"同"。

十三　为什么企业在其中具有举足轻重的地位？

企业之间谈论的是利益，公益组织的出发点则是共享价值。那么，为什么企业在本书讨论的话题中也具有举足轻重的地位呢？

第一，直观上看，根植于企业而生长发展出来的国际公益行为，其规模、深度与创新性在整体上甚至比公益领域中的其他行为更引人注目，这是一种值得深思的社会现象，但其背后的原因却不难理解。

第二，企业经营本来追求的是物质利益，因此在国际交往中是基于利益关系。但恰好是这样一种利益关系有着更厚实的务实基础，在此基础上衍生出的共享价值更有说服力。

共享价值最初出现，并不排除具有工具性的目的。但到了后来，也不能排除人性中真正的共享价值基因被激发出来。于是，一个企业所衍生出的社会责任，既可以有功利目的的战略 CSR，又可以包含深层次的社会目标，因而商业企业朝社会企业转化。有时，从企业的利益需求出发而激发出人性的善，与纯粹从抽象的人本身来激发人向善，或许同样可靠。当然，起始于利益关系而激发出共享价值，这种看似奇特的现象背后又有一种必然性，其深层次原因在于整个国际社会中基层社会发声的力度在加大。

第三，从一个更新的视角还可以看到，正是这种利益关系剥离了国际交流之间的纯政治维度，剥离了正误与否的答案唯一性判断。如果我们遵从初始的传统价值不加以改变，就很难从中走出来，直接转变或许难以松动。而如果我们从政治维度先进入利益关系维度，再从利益关系维度演化出共享价值，或许会整体降低实现共享价值的路径难度。于是，利益维度的一个益处是，它可以作为中间体而给共享价值的产生提供相对宽松的土壤环境。

市场体系实际上是将社会呈现出来，尽管这时的社会只是在表达物质利益，但也开始不同于政治金字塔牢固的统一掌控。从社会发展角度来讲，物质利益对政治金字塔的松动以及社会公众在基层社会的呈现是一种进步。

当然，也可以从国际交往回看国内的发展体系，不得不说，其整体规律也大致如此。利益维度从政治维度中逐渐剥离出来之后，在社会中会引起一阵一阵的"松动"，人们之间的利益追逐赤裸裸地上演，在过去统一掌控下的社会道德与规范被瓦解。但其实如果利益维度的显现掌握得当，共享价值维度便会接踵而至，且后者发育出来后则可以反哺利益维度，使商业企业朝社会企业的方向发展。

十四　公益组织为什么可以向企业深度借鉴？

深度借鉴，是指尊重企业的创新和路径探索，尊重企业在社会企业责任和社会公益方面所展现出来的创新做法，然后将其精华吸纳过来为己所用。之所以这样做，是因为企业在全球范围内走出去，不管是在时间上、深度上还是在根源的牢固程度上，或许都优先于公益组织。在这里，由物质利益的追求可以衍生出工具性对共享价值的追求，并且蕴含产生实质性共享价值的基因。而且，随着时代的变化，这种趋势也会越来越明显，企业的社会责任与走向社会企业的内在趋势也会越来越强烈。

在这里，企业的务实性充分展现出来，它们因为务实性而衍生出各种各样的企业公益形式，又由于务实性而可以将企业公益探索得落地有效、富有创新性，它们在手法上、解决问题的能力上跟公益组织相比完全可以不落于下风（当然，也不可避免会有一些企业不得其法，仍然用固有的一套思路开展行动，造成走出去企业公益行动的失败）。

最后，基于企业数量众多、体量巨大，以及在公益投入的可观性，其已产生了大量可借鉴的成果。当然，我们不得不说，从企业到企业社会责任，最后到典型的企业公益，其高端形式已经进入公益领域。因此，本书所说公益组织走出去的含义范围内，也包含了企业组织化的社会公益。

十五　共享价值为什么会带来民族自信？

对中华民族来说，民族自信是让人深度关注的话题。

在从 19 世纪中期到 20 世纪的一系列国家关系事件中，我们的国门被西方世界硬生生地强制且粗暴地打开。这一系列事件和侵犯对我们的民族自信产生剧烈冲击，并造成了深深的民族伤痕。自此，中华民族整体走上了一条通过自强不息、增强国力来实现自我救赎的道路。这实际上意味着我们的民族自信在相当程度上建立在和其他国家的军事力量、经济实力、文化实力和综合国力等各方面的对比上。

我们愿意在国际事务交往中展现大国风范，做出更多的贡献，承担更多的责任，甚至愿意看到我们的文化传播得更远并将他人纳入同样的文化体系内。但我们或许会忽略时代发展进步的因素。时代发展带来的比较是共享价值的比较，共享价值是在具有唯一正确性的信仰价值体系和利益维度之外的第三个维度。我们不能忽略这一维度。

随着市场经济全球化而来的利益关系在世界范围内深深扎根，打破了信仰价值体系的垄断地位，同时，社会基层公众话语权分量的提升，带来共享价值话语权的增高，共享价值关系的比重、它发挥作用效果的比重，以及它能给人类社会带来的真正的深度共赢的潜力都在快速增加。

共享价值的实际话语权，正逐渐置换过去的相对身份制的比较、宗教激进主义式价值体系的比较和军事与经济实力的比较。所以，当下最重要的是，我们需要从曾经的伤痕中尽快解脱出来，避免陷入其中无法自拔。而在共享价值地带，我们也有自己特有的后发优势。

当下，我们的综合国力已经有了很大程度的提升，这恰好是可以作为推行共享价值的物质基础；而在共享价值方面的成功，则可以让我们感受到一个坦然而有价值的自我，共享价值的增加则又可以让我们看到自身为世界发展所带来的贡献；我们与友邻以共享价值为基础的有温度、有尊严感的相处，则又可以避免相互比较文化所导致的矛盾。这一切都是我们重塑民族自信和民族认同感的坚实基础。其实经历了这些，"民族"二字的含义也将随之发生改变。

附录一

典型社会组织走出去开展公益项目状况

序号	组织名称	项目	项目国家	境外代表处/社会组织
1	中国扶贫基金会	国际微笑儿童项目、国际爱心包裹项目、一对一助学项目、妇女职业培训项目、紧急援助项目等	埃塞俄比亚、尼泊尔、缅甸、柬埔寨、巴基斯坦、土库曼斯坦、苏丹等国	缅甸、尼泊尔、埃塞俄比亚代表处
2	爱德基金会	农村社区综合发展项目、农村社区健康促进项目、妇女能力建设项目、紧急救援项目	尼泊尔、埃塞俄比亚、斯里兰卡、菲律宾、缅甸、马达加斯加等国	瑞士、埃塞俄比亚代表处
3	北京市朝阳区永续全球环境研究所（GEI）	社区参与生态保护——生计发展项目、合理利用森林资源	喀麦隆、刚果共和国、加纳、利比里亚、缅甸等国	
4	昆明云迪行为与健康研究中心	先心医疗社工项目	缅甸、柬埔寨、孟加拉国等国	柬埔寨代表处、老挝办公室
5	四川海惠助贫服务中心	公益园区、扶贫项目、健康项目、青少年教育项目	泰国	泰国办公室
6	上海宋庆龄基金会	儿童发展	南非	
7	中国华侨公益基金会	校舍建设项目、国际光明行	亚洲、非洲	

续表

序号	组织名称	项目	项目国家	境外代表处/社会组织
8	中国红十字基金会	丝路博爱基金（包括人道主义救援、减灾备灾、健康卫生、医疗援助、国际免费午餐等）、海外抗疫	全球	
9	中华慈善总会	人道主义救援、卫生健康、少年手拉手等	共建"一带一路"国家	
10	瑞丽市妇女儿童发展中心	缅甸木姐妇女儿童健康促进项目	缅甸	
11	甘肃彩虹公益服务中心	儿童救助发展项目	尼泊尔、黎巴嫩	尼泊尔独立注册
12	中国和平发展基金会	援建中柬友好"丝路之友"小学校舍项目	柬埔寨	柬埔寨代表处
13	蓝天救援队	应急能力提升培训、抗疫消杀、紧急救援	尼泊尔、缅甸、柬埔寨、斯里兰卡等国	
14	北京平澜公益基金会	人道危机应对、环境危机应对	全球	黎巴嫩、津巴布韦办公室
15	中国社会福利基金会	分享爱国际基金	肯尼亚	
16	云南民间国际友好交流基金会	云南省柬埔寨"光明行"项目	柬埔寨	
17	云南省国际民间组织合作促进会	援缅甸仰光寺庙学校净水设备项目	缅甸	
18	云南省替代种植发展行业协会	替代种植培训项目	老挝	老挝代表处

序号	组织名称	项目	项目国家	境外代表处/社会组织
19	云南华商公益基金会	医疗援助	东南亚	
20	深圳市国际交流合作基金会	湄公河太阳村	柬埔寨、缅甸	
21	北京市民间组织国际交流促进会	妇女和青少年就业培训	亚洲、非洲	
22	北京市志愿服务联合会	国际志愿服务	亚洲、非洲	
23	云南省青少年发展基金会	跨境青少年发展项目	缅甸	
24	西藏善缘基金会	社区发展项目、国际抗疫	尼泊尔	
25	马云基金会和阿里巴巴基金会	非洲巡护员奖励、青年创业、国际爱心包裹、国际抗疫	全球	
26	北京企业家环保基金会	资助环保组织走出去	全球	
27	复星基金会	社区项目、国际抗疫、非洲疟疾项目、青年创业	非洲	中国香港、美国单独注册
28	亨通慈善基金会	社区项目	南非	
29	招商局慈善基金会	社区项目	斯里兰卡、白俄罗斯、吉布提、坦桑尼亚	中国香港单独注册
30	海南成美慈善基金会	妇女保护	尼泊尔	

续表

序号	组织名称	项目	项目国家	境外代表处/社会组织
31	中国生物多样性保护与绿色发展基金会	水安全项目、野生动物保护项目	尼日利亚、乌干达、南非	
32	北京慈爱公益基金会	卫生健康、出行援助项目	尼泊尔	
33	杭州市公羊会公益基金会	人道主义救援	全球	
34	中国青少年发展基金会	非洲希望工程	非洲	
35	北京青之桥公益基金会	青少年志愿服务	泰国	
36	湖南爱弥儿儿童康复中心	青少年志愿服务	柬埔寨	
37	北京百年农工子弟职业学校	职业教育	安哥拉	安哥拉独立注册
38	深圳市猛犸公益基金会	国际抗疫	全球	
39	温州市慈善总会	国际抗疫	全球	
40	北京光华设计发展基金会	"绿丝带"国际抗疫	全球	比利时办公室
41	北京新阳光慈善基金会	国际抗疫	伊朗	
42	金华市兰溪市心舞工作室	国际抗疫	利比亚	
43	荆门市义工联合会	国际抗疫	捷克	

　　注：此表仅代表研究团队了解的项目，不能代表中国社会组织走出去的全貌，欢迎未被包括的社会组织主动提供信息。

附录二
社会组织走出去的国际标准

国际社会组织参与发展援助和人道主义救援工作的历史较为悠久，已经通过议事协商形成了一些被国际认可的行业标准。值得注意的是，这些标准是自下而上构建起来的，并不代表一个国家或一个组织的初衷。中国的社会组织在参考的同时，也可以参与促进这些标准继续完善，与各国社会组织一起促进国际标准的发展。

一 伊斯坦布尔原则及其应用

2008年6月，来自全球社会组织交流平台与网络的70多名代表成立了工作小组，共同发起"社会组织发展有效性开放论坛"，并在加纳举办的第三届国际援助有效性高层论坛上正式成立，旨在为社会组织制定一个全球的发展有效性框架，在国家、地区和国际三个层面上分别召开有社会组织和其他发展主体（包括政府和政府捐赠机构）共同参与的研讨会和多方对话。2010年，开放论坛第一次全球会议在伊斯坦布尔举行，制定了社会组织发展有效性伊斯坦布尔原则（Istanbul Principles for CSO Development Effectiveness)①，在2011年举办的第二次全球会议上，全球社会组织领域的200余位代表讨论通过了社会组织发展有效性国际框架之暹粒共识（The Siem Reap CSO Consensus on the International Framework For CSO Development Effectiveness)② 以及如何落实伊斯坦布尔原则的指引。

国际框架共划分为三大部分：一是落实社会组织发展有效性之《伊斯坦布尔原则》的指引；二是强化社会组织责信机制；三是有利于社会组织发展有效性的关键条件——政府政策和实施方法。同时，此框架出台了两个独立的文件——《执行工具组》和《倡导工具组》，指引社会组织如何在特定的国家和区域背景下，利用国际框架中的信息来提倡更有利于社会发展的环境。

社会组织发展有效性伊斯坦布尔原则有八条：

一是遵守与促进人权与社会正义；

二是促进妇女与女孩的权利时体现性别平等与公平；

三是聚焦赋权、民主和参与；

四是促进环境可持续发展；

五是实践透明与责信；

六是贯彻公平的伙伴关系与团结；

七是创造并分享知识，相互学习；

① Istanbul Principles for CSO Development Effectiveness, CSO Partnership, 2010, https://csopartnership. org/2018/02/istanbul-principles-for-cso-development-effectiveness/。

② The Siem Reap CSO Consensus on the International Framework for CSO Development Effectiveness, CSO Partnership, 2011, https://csopartnership. org/2018/02/the-siem-reap-cso-consensus-on-the-international-framework-for-cso-development-effectiveness/.

八是为实现积极可持续的改变而奋斗。

对伊斯坦布尔原则的应用主要体现为：开展发展项目以人权为基础，在国内外促进性别平等，改变救助的观念，从慈善到赋能，促进组织或社区发展，在开展项目中更加透明，不仅对本国的资方透明，还要对国际社会和目的国的人民、团体和社区公开。

目前，一些资助方已经将伊斯坦布尔原则应用在资助的要求中，如加拿大、瑞典、芬兰和欧盟等政府发展援助资金均将伊斯坦布尔原则作为与社会组织合作的基础要求。

二　人道主义宪章与人道救援响应最低标准

1997 年全球多家非政府组织和国际红十字会与红新月会在反思与评估卢旺达大屠杀事件后发起了环球计划项目，项目产出《人道主义宪章与人道救援响应最低标准》集合了国际上众多人员和机构的经验与智慧，在过去 20 年经历了五次修订，是一套人道主义响应的国际通用标准，旨在提高灾害与冲突中人道主义响应工作质量。在该标准的第五次修订中，来自中国的爱德基金会、成都授渔公益发展中心、卓明灾害信息服务中心和中国慈善联合会救灾委员会参与了咨询。该标准原版为英文版，由乐施会组织汉化，北京师范大学风险治理创新研究中心、香港中文大学 CCOUC 灾害与人道救援研究所、中国红十字会总会、卓明灾害信息服务中心、国际计划、国际美慈、乐施会、宣明会、爱德基金会、成都授渔公益发展中心等组织共同参与了翻译工作。

手册包括基础章节，技术章节与脆弱性、能力和运作环境章节等。基础章节包括人道主义宪章、保护原则和人道主义核心标准；技术章节包括了供水、环境卫生和卫生促进，食物保障，营养，住所和安置，医疗卫生等；脆弱性、能力和运作环境章节包括了儿童和儿童保护，老年人，社会性别，性别暴力，残障人士，艾滋病毒携带者和感染者，精神健康和心理支持，长期危机，城市处境，军民协调，环境，降低灾害风险，现金援助和市场，供应链管理和物流，监测、评估、责信和学习等。①

三　INSARAG 国际搜索与救援指南

经过多年的实践和诸多参与者的努力，国际搜索与救援咨询团（INSARAG）的参与者形成了对于搜寻和救援队伍的职能和行动的共识，制定了国际搜索与救援反应系统手册——《INSARAG 国际搜索与救援指南》②，联合国把此书作为国际搜救工作的基本框架和规程。该手册反映了对各国搜寻和搜救队伍协调的需求，可以避免重复工作并最大限度地提高救援的有效性。

指南包括队伍计划指南、调动指南、管理指南、行动基地指南、参与/撤离指南、安全和保护指南、搜寻行动指南、救援行动指南、识别标记和发出信号指南、医疗指南、公共信息指南和道德标准等方面。

---

① 《环球计划手册——人道主义宪章与人道主义响应最低标准》，乐施会，2018，https://www.oxfam.org.cn/uploads/2021/01/201134238172.pdf。

② 联合国人道主义事务协调办公室现场协调支持部门编《INSARAG 国际搜索与救援指南》，中国地震局震灾应急救援司译，科学出版社，2017，第 1 版。

四 国际援助透明倡导计划

国际援助透明倡导计划（International Aid Transparency Initiative, IATI）是提高国际人道援助和发展援助公开透明的国际组织。IATI 发布了数据标准和信息公开的指引信息。公开数据的标准[①]包括：

组织数据：

- 上一年度组织总支出
- 后三年每年的财务预算
- 细分到每个受援国的财务预算
- 国别行动计划
- 年度报告

项目数据：

- 收到的资金
- 支付给其他社会组织的资金
- 实施项目的资金

此外，IATI 鼓励社会组织提供：

- 采购合同和细项财务信息
- 项目实施的地理信息，包括国家、省邦或具体的地址
- 项目影响的政策领域，如健康、科研或性别等
- 项目的影响力或产出结果数据
- 项目附带的条款，如小额信贷的利息或任何使用援助的特别条件等

[①] International Aid Transparency Initiative, https://iatistandard.org/en/iati-standard/。

附录三

"中国社会组织参与国际项目合作" 自律行为守则^①

说明

本行为守则受参与"社会组织参与国际项目合作"自律行动的社会组织共同认可。

本行为守则包括参与国际项目合作的基本理念、自律的标准、自律工具等部分。

起草理念

本行为守则，强调社会组织自治的重要性，重视社会组织的参与及意见表达。

本行为守则，以社会组织自律的必要性为前提，尊重社会组织的多元化和独立性，尊重社会组织的不同理念与做法，仅举出与自律相关的基础理念及必需事项。

除必要的准用性规则外，本行为守则未直接列举参考文件名称，但在起草过程中，本行为守则参考了与"社会组织自律"相关的各类国际公约、法律文本。

---

① 2017~2018 年亚洲基金会资助中国国际民间组织合作促进会（CANGO）编写，北京七悦社会公益服务中心专家组承担了文献研究、调研和文本起草工作。

使用参考

承诺加入自律行动的社会组织，在参与国际项目合作时，应自觉参考本行为守则。

社会组织可参考本行为守则，开展自我评估、编写自评报告、组织第三方评估，以行动推动自律水平的提升。

一　参与国际项目合作的基本原则

（一）构建人类命运共同体

社会组织在参与国际发展合作时，本着合作共赢和构建人类命运共同体精神，积极发挥自身作用，平等合作，相互尊重，推动人类社会共同发展，为可持续发展目标而努力。

（二）尊重人的权利

社会组织在参与国际项目合作时，需尊重人的权利，这些权利包括但不限于人的生存权利、发展权利，尊严、体面的工作、被平等对待的权利等。

社会组织在开展活动时，尤其应重视性别平等，重视儿童保护，重视残疾人以及少数族群、脆弱和边缘化群体的权利。

（三）避免歧视

社会组织在参与国际项目合作时，需避免各类歧视。社会组织对各种可能带来的歧视因素（如地域、种族、性别等）以及各类歧视可能的表现应有所认识，并且保持警醒，自觉对各类歧视加以规避。

(四) 保持政治、种族、宗教中立

社会组织在参与国际项目合作时，应避免介入政治、种族、宗教或意识形态的争议，避免涉及政治宗教等活动及议题。

(五) 注重参与式发展

社会组织在参与国际项目合作时，应关注受助者的参与及意见表达，在项目设计与执行的各环节加强参与，遵从参与式发展的理念。

(六) 重视可持续发展

社会组织在参与国际项目合作时，应关注环境与生态影响，注重当前和今后世代环境的可持续性，重视可持续发展。

(七) 积极构建伙伴关系与学习型社区

社会组织在参与国际项目合作时，应重视与其他发展参与者之间合作关系的建设，应尊重发展合作项目实施所在地居民的选择与智慧，应尊重在地社会组织的经验与做法，在合作过程中应重视知识的创造、分享与相互学习，积极构建伙伴关系与学习型社区。

二 自律标准

社会组织参与国际项目合作时，应主动从组织治理、工

作开展与社会责信等方面加强自律，提升自律水平。

（一）组织治理

——法律合规

社会组织在参与国际项目合作时，应注意遵守项目所在国家和地区的法律法规。在组织运营、项目运作、财务管理、员工管理等各方面，均应自觉满足当地法律和政策的要求。

——文化适应

社会组织在参与国际项目合作时，应尊重当地的文化习俗。在遵守法律的基础上，尽可能地主动适应当地的文化环境。

——治理结构

社会组织应建立良好的治理机制，治理结构的构成和制度应当保证其有效运作。在参与国际项目合作时，治理结构的设置应符合相关法律政策要求，同时适应国际项目合作的需求。

——员工及志愿者

社会组织在参与国际项目合作过程中，应配备相应的人力资源。

需在境外招募员工的，需严格遵守用工当地和我国劳动用工相关法律政策规定。

需在境外派驻国内员工的，社会组织应遵守我国相关规定，严格人员选派工作。

社会组织应加强派出人员的行前培训，帮助派出人员了解并熟悉目的地的社会、法律概况及风俗习惯等内容，重视派出人员语言能力、业务能力的培养和道德素质。

社会组织应深入了解文化差异，平等对待国内外员工，尊重不同文化与生活习俗，避免误解与纠纷。

社会组织在参与国际项目合作过程中，需要招募志愿者的，应当使志愿者准确、清晰地了解该组织的使命和价值观，并明确告知志愿者其志愿工作的内容、工作环境以及工作中可能涉及的风险。

社会组织应为志愿者提供充分的安全保障，并根据需要提供必要的志愿工作补贴。

社会组织对长期在境外工作的员工与志愿者应加强人文关怀，关心员工与志愿者的日常生活与身心健康。

——财务及物资管理

社会组织应重视财务管理的规范性，应根据国际和本国会计准则以及本组织章程进行管理。在参与国际项目合作过程中，遇有资金物资进出及递送方面的困难，当以合法方式寻求克服。

（二）工作开展

——重视使命契合度

社会组织在参与国际项目合作过程中，应秉持使命，保证工作开展全过程不违背自身使命。在选择开展国际项目合作的具体领域时，应保持与使命一致。

——量力而行、循序渐进、稳妥发展

社会组织在参与国际项目合作时，应注意量力而行，选择与自身组织能力、发展阶段相符合的项目及领域参与国际项目合作。

社会组织在参与国际项目合作过程中，应秉持循序渐进、稳妥发展的理念，加强责任意识和风险防控意识，在新设项目或原有项目拓展新的实施地域之前，应当做好风险评估等前期工作，在条件允许的情况下，宜通过预评估、预调研等形式，保证项目可行性论证的扎实、有效。

——积极提升项目的专业性、有效性，提升项目质量

社会组织参与国际项目合作，在项目实施、工作开展过程中，除遵守法律政策等底线要求外，宜积极主动追求项目运作专业性与有效性的提升，应关注受益对象及其真实需求，关注项目开展的专业性、有效性，关注项目的效率与效果，重视项目质量。

——发展类项目必要注意事项

在开展发展类项目时，社会组织应重视参与式发展理念、可持续发展理念，根据项目所在地真实需求行动，避免盲目投入。

社会组织应重视社会服务投入与硬件支持投入的平衡。

社会组织应重视对受助者的赋能，重视项目风险评估与项目后期退出机制设计。

社会组织不可只考虑项目的短期效应，应考虑项目的长期效果，树立对项目综合影响整体负责的观念。

——应急类项目必要注意事项

在开展应急救援类项目、参与人道主义行动时，社会组织应学习参考《人道主义核心标准》，自觉规范自身行动，提升行动与项目的专业性、有效性。

——专业伦理

在儿童救助、动物保护、环境治理等各类公益领域，社会组织作为专业机构，在国际项目合作过程中应当恪守所在领域

的专业伦理，谨慎行事；社会组织员工作为相关领域的专家，需保持自己的职业尊严和专业性，认真履行自己的职责。

（三）社会责信

——信息披露

社会组织在参与国际项目合作时，应重视组织公信力建设。

社会组织应尊重各利益相关方的关切，对自身项目、财务、治理等信息主动进行披露，接受公众监督。

社会组织应保证其所披露信息的真实性、及时性、准确性、完整性。

——隐私保护

社会组织应加强隐私保护意识，重视保护受益对象、捐赠人等利益相关方的隐私。

——道德伦理

任何形式的胁迫或腐败都应被禁止。社会组织还应禁止任何可能损害公众对社会组织信心的不道德行为。一旦发现不当行为，应当及时、果断地采取纠正措施。

三　推动自律的工具

——自我评估

社会组织可对照本行为守则，积极开展自我评价，以改进自身不足，推动自律。

——第三方评估

除自我评价外，社会组织也可请学术研究机构、专业评

估机构等第三方机构来对自身在国际项目合作中的表现开
展评估。对照评估结果，社会组织可改进自身不足，加强自
律；也可发布评估结果，加强与公众的沟通交流，强化公共
监督。

——合作交流平台

参与自律行动的社会组织，可建立社会组织参与国际项
目合作交流平台，分享参与国际项目合作的信息、成果、经
验和评估报告，提高我国社会组织参与国际项目合作的
水平。

——自律发展报告

本行为守则实施一段时间后，参与自律行动的社会组织
可通过合作交流平台的协调，共同对行业自律的整体发展水
平展开评估，定期发布自律发展报告。

四 自律行动的加入

参与国际项目合作的中国社会组织可自愿加入"中国社
会组织参与国际项目合作"自律行动，一经加入，即表示愿
意接受本行为守则的约束。

五 文本的讨论与修订

本行为守则的最初文本由"中国社会组织参与国际项目
合作"自律行动的初始发起方负责起草。

本行为守则将持续接受反馈建议及修改意见，并将定期
进行修改，修改后的文本由参与自律行动的社会组织共同讨

论确认后通过。

词汇表

——社会组织（Society Organization）

对应于国家体系中的政府组织、市场体系中的企业组织，指社会体系中的各种组织形式。与公民社会组织、民间组织、非政府组织、非营利组织等概念含义相近。本行为守则中所称的社会组织，指按我国相关法律依法取得正式法人身份的国内社会组织。

——自律（Self-discipline）

本行为守则中所使用的自律，指社会组织自我约束、自我管理的行为，有两层含义：一为社会组织自身遵守国家法律、行业道德、自律规则的自我约束；二为行业的自我管理，社会组织同行之间的相互监督、敦促。

——参与（Participation）

本行为守则中所使用的参与，指利益相关方参加事务的计划、讨论与处理的过程，对发展类项目的正当性、有效性而言具有重要意义。

——社会责信（Accountability）

社会组织需要对其行为负责，并且，社会组织在责任承担方面的表现需要得到相关权威机构或社会公众的认可、信任。在本行为守则中，社会组织的社会责信是指社会组织就其行为向各利益相关方负责的表现，以及社会公众或相关权威机构对其表现的认可与信任的程度。

——伙伴关系（Partnership）

本行为守则中所称的伙伴关系，指为实现特定目标，根据正式或非正式的协议，国内社会组织在国际项目合作过程中与各类境外在地组织之间达成的各有分工、相互协作、互相学习的合作关系。

——使命（Mission）

社会组织的存在理由，常以使命宣言（mission statement）的形式呈现，其最基本的作用是作为社会组织行动的指导方针。

——员工（Staff）

正式为社会组织工作，与社会组织签订了劳动合同的人员。

——志愿者（Volunteer）

不以正式就业并获取物质报酬为目的，贡献个人的时间、知识、经验，自愿为社会公共利益提供服务的人员。

——发展类项目（Development Project）

为描述日常状态下的项目，与紧急状态下的项目形成区分，本行为守则是在广义意义上使用此概念的，即那些通过硬件设施建设、社会服务提供等方式，以促进项目实施地居民生计、居住环境、设备条件等各个方面的发展为目标的项目。

——人道主义行动（Humanitarian Action）

在人为危机和自然灾害发生之时和之后，以拯救生命、减轻痛苦和保持人的尊严为目标而采取的行动，以及对这些危机的预防和准备工作。

——项目质量（The Quality of Projects）

本行为守则以"项目质量"作为项目的综合评价，关注项目的专业性、有效性，既包含效果（项目达到其目标的程度）评价，也包含效率（项目投入产出比）评价。

——评估（Evaluation）

指评估主体对评估客体的价值大小或高低的评价、判断、预测的活动。

本行为守则评估建议的评估主体，既包括社会组织自身，也包括独立于社会组织、服务对象（受益者）的第三方机构。

后 记

我们团队长期从事非营利组织和社会公益的研究和评估实践等工作，在近二十年的研究历程中，首先看到了大量的国际组织进入中国开展国际发展援助项目，它们带来了资金和发展理念，培育和支持了许多国内社会组织，对社会发展做出了积极的贡献。尔后，中国的社会组织开始发展起来，公益慈善文化也开始逐渐形成，一些国际项目陆续退出中国，转向更有需要的其他国家，国内企业和社会公众的捐赠和政府购买服务资金开始增长，社会组织独立设计和运作项目的能力得到发展。近年来，随着中国经济社会水平的提高和国际交流合作的发展，如同经济领域的企业"请进来"和"走出去"一样，中国的社会组织也开始行动起来，走出国门，开展社会公益服务，参与国际治理，承担更多的国际责任。

当下，无论在国际援助规模还是国际影响力上，中国的社会组织都还处于起步阶段。一方面，我们欣喜于越来越多的社会力量开始关注并支持社会组织开展国际发展援助项目；另一方面，政府相关部门对社会组织是否有能力参与政府发展援助项目还处在起步探索阶段，企业（包括海外投资企业）

也较少愿意资助社会组织走出去的项目。从较长远的视角来看，国内外社会必将对我国的社会组织参与国际发展援助和国际治理提出更高的要求。

于是，在以往的研究基础上，我们希望通过对一批已经走出去的社会组织开展深入的研究，在系统研究的基础上，搭建专业的分析框架，试图对社会组织走出去中的一些问题提供整体性的分析视角，并结合我们对国内外公益项目的研究成果，帮助政府部门、企业、资助方和实践者更清晰地去梳理社会组织走出去的优势与挑战。

感谢所有那些在我们研究及写作过程中为我们提供素材、灵感和支持的人，特别感谢伍鹏、邹志强、林媛、何文、张要武、彭奎、王静、陈韵竹、罗志、邢陌、王巍、王磊、陈太勇、张琴、王珂、张勇、张琦、曹聪、吴大力、李博伦、周静怡、阴斌斌、黄泓翔、吕健、高若瀚、胡芳和严昌筠等这一领域的先行者，感谢北京七悦社会公益服务中心的研究团队的集体贡献。

图书在版编目（CIP）数据

社会组织走出去：优势与挑战 / 范娟娟，陶传进，

卢玮静著. -- 北京：社会科学文献出版社，2022.2

（七悦学术文库）

ISBN 978 - 7 - 5201 - 9661 - 1

Ⅰ.①社… Ⅱ.①范… ②陶… ③卢… Ⅲ.①社会团

体 - 国际化 - 研究 - 中国 Ⅳ.①C232

中国版本图书馆 CIP 数据核字（2022）第 018758 号

七悦学术文库

社会组织走出去：优势与挑战

著　　者 / 范娟娟　陶传进　卢玮静

出 版 人 / 王利民
组稿编辑 / 刘骁军
责任编辑 / 易　卉
文稿编辑 / 陈美玲
责任印制 / 王京美

出　　　版 / 社会科学文献出版社·集刊分社（010）59367161
　　　　　　地址：北京市北三环中路甲 29 号院华龙大厦　邮编：100029
　　　　　　网址：www. ssap. com. cn
发　　　行 / 社会科学文献出版社（010）59367028
印　　　装 / 三河市尚艺印装有限公司

规　　　格 / 开　本：787mm × 1092mm　1/16
　　　　　　印　张：14.5　字　数：162 千字
版　　　次 / 2022 年 2 月第 1 版　2022 年 2 月第 1 次印刷
书　　　号 / ISBN 978 - 7 - 5201 - 9661 - 1
定　　　价 / 98.00 元

读者服务电话：4008918866